10839848

Suicidio

Suicidio

Ensayo

Emy James

Alexandria Library Publishing House

MIAMI

Suicidio

© Emy James, 2023

ISBN: 979-8863295701

Número de la Biblioteca del Congreso de EU: 2023919191

Edición y diagramación de interiores y portada: Vilma Cebrián

www.alexlib.com

Índice

Cuidado con la tristeza,
puede convertirse en hábito…

Introduciéndonos

Suicidio, difícil tema. Generalmente se recibe como algo escabroso (y no es para menos) y en esta obra trataremos de traerlo a un contexto más "real" por así decirlo y menos macabro; creo que es la única manera en que podremos tocarlo de la forma que necesitamos. Si me preguntan por qué este tema, puedo decir: *El objetivo principal es que todo aquel el que lea este trabajo llegue a comprender, en la medida de lo posible, las razones por las cuales una persona toma la determinación de quitarse la vida. Y nótelo bien: comprender. No justificar, y mucho menos juzgar.*

Otra razón es brindar información sobre un pequeño puñado de personajes (algunos tristemente célebres), que decidieron tomar este camino. Algunos son reconocidos por sus brillantes trabajos en el mundo de la literatura, del cine, de la pintura, la música, la política, en fin... gente extraordinaria que desafortunadamente nos dejó con un amargo sabor de boca al final, y otros de los que casi nadie conoce su lado oscuro. Trataremos de ponernos por un momento en el lugar de todos ellos, trataremos de conectar con sus emociones, con su situación, con sus pensamientos, sus creencias, su entorno. Seguro que algo lograremos entender y así, no volveremos a decir; "es que no entiendo como alguien puede hacer una cosa como esa".

También parece importante encontrar el *común denominador* en todos los casos que nos ocuparán de ahora en adelante, tratar de encontrar "ese algo" que todos ellos comparten. Si es que "ese algo" existe.

Descubriremos si es que esto tiene una explicación simple o si, por el contrario, se trata de un asunto complejo en el sentido de que sean varias —y no una sola— las razones por las que se da este fenómeno.

También analizaremos el tan inevitable sentimiento de culpa de quienes se quedan. De aquellos que estuvieron cerca de estas personas. ¿Es realmente válido este sentimiento? Y si es así, ¿por qué?

¿Es la eutanasia una práctica incorrecta? ¿Por qué?

Nos adentraremos en el lúgubre mundo de la depresión, ese mundo del cual un cuarto de la población del planeta es habitante, la gran mayoría sin saberlo.

Desde luego que tocaremos el punto de vista religioso. ¿Qué dice la Biblia al respecto? ¿Cómo es interpretado esto? ¿Qué opinan otras religiones no cristianas?

¿De qué trata el infierno? Si tenemos suerte, hasta podríamos averiguarlo.

¿Un tema nuevo? ¡Para nada!

Una treintena de luminarias nos invitan a conocer su mundo desde un ángulo un poco menos superficial del que hasta ahora las hemos visto. Nos contarán su historia y tal vez, solo tal vez, luego de conocerla, lograremos verlas con otros ojos, unos ojos más humanos.

Aunque si bien es cierto que el caso de suicidios va en aumento, no estamos hablando de un tema de moda ni mucho menos; las personas que han optado por quitarse la vida existen desde siempre. Lo que sucede es que nunca habíamos tenido tanto acceso a la información como lo tenemos ahora, y de ahí lo escandaloso de la situación.

En la antigua Roma, el suicidio era permitido entre cierto sector de la población. Por ejemplo, no se les permitía a los soldados, por motivos patrióticos ni a los esclavos, por motivos económicos.

Platón: *"Debería permitírsele a una persona quitar-se la vida cuando: Fuese ordenado legalmente por el Estado, se sufre una enfermedad dolorosa e incurable, o por una desgracia insoportable".* Y bueno, él mismo puso fin a su vida debido al primer punto.

Epicúreos y Estoicos pensaban de una manera similar; el suicidio es justificable cuando la vida se vuelve insoportable.

Ensayo de un suicidio

Desde pequeña soy admiradora de la belleza y talento de esta gran actriz de la época (bellísima época) del Cine de Oro Mexicano. Nominada al premio Ariel y protagonista de grandes cintas, entre ellas, mi preferida de todos los tiempos; *Escuela de Vagabundos,* donde compartió créditos con el gran Oscar Ortiz de Pinedo, Blanca Castejón, Anabel Gutiérrez, y nada más y nada menos que con el ídolo Pedro Infante, entre otros. *Ensayo de un Crimen*, junto al señorón Ernesto Alonso también figuran entre los exquisitos trabajos que realizó esta chica de origen polaco quien poseía un rostro extraordinario.

Con una nariz aguileña envidiable y un par de ojos verdes más envidiables aún, **Miroslava** era una de las favoritas del público de esa época.

Miroslava fue hija adoptiva de un matrimonio judío (Miroslava y Oskar Stern), quienes fueron perseguidos y capturados en su país durante la Segunda Guerra Mundial. Milagrosamente esta familia pudo escapar de un campo de concentración nazi, pero tuvieron que dejar atrás a la madre de Oskar, eventos que afectaron mucho la salud emocional de la pequeña Miroslava, quien siempre se sintió culpable de haber abandonado a su abuela a quien amaba entrañablemente. Después de buscar refugio en varios países europeos y entender que igualmente seguirían en peligro, llegaron finalmente a México donde se establecieron a pesar de no contar con ningún conocido en ese país y desconocer por completo el idioma. Oskar llegó a notar la profunda tristeza en la que había caído su hija y siempre trató de ayudarla, su madre también fue un gran apoyo para ella. Por eso la muerte de esta sumergió a una muy pequeña Miroslava (12 años) en una tremenda depresión. Tratando de apaciguar un poco esta tristeza en su hija, Oskar la envía a estudiar arquitectura a Nueva York donde también aprendería inglés y se enamoraría de un piloto de avión de las fuerzas armadas estadounidenses. La pareja tomó la decisión de casarse al terminar ella sus estudios, pero todo se vino abajo cuando Miroslava recibió la noticia de la muerte de su novio, quien había caído en combate. Quedó notablemente perturbada, tanto que las personas cercanas a ella aseguraron que fue en esa ciudad norteamericana, y después de ese triste suceso, que la actriz intentó por primera vez quitarse la vida, sin éxito. Su padre mandó a traerla y ella se sintió mucho mejor al regresar a casa. Después de ganar un concurso de belleza donde la descubren dos importantes cineastas del momento, comienza a estudiar actuación y se enamora de Jesús Jaime Gómez, compañero suyo quien a la vez estudiaba dirección de escena. Después de un brevísimo tiempo, en 1946 se casan, y también después de un brevísimo tiempo se divorcian al salir a la luz las preferencias sexuales de su compañero conyugal y nuevamente tenemos a una frágil Miroslava en garras de la depresión.

Por fortuna las oportunidades de actuar en el cine la distrajeron y le dieron muchas alegrías. Sin embargo, siempre tuvo fama de acarrear con ella una especie de "eterna melancolía". A los que la hemos visto actuar y hemos reído con sus divertidísimos personajes nos cuesta creer una cosa como esa. Ejemplo es su papel en la película de don Mario Moreno, Cantinflas, *¡A volar joven!* en la que por cierto se supone que comenzó un clandestino romance con el famoso actor quien termina la relación por medio de una carta donde le pide perdón por su promesa de dejar a su esposa, Valentina Ivanova, ya que tendrá que romper esa promesa.

Es bien conocido que de este golpe la actriz no se repuso del todo.

La carrera de Miroslava Stern estuvo llena de éxitos y no solo en el cine mexicano, sino también en el de Estados Unidos, donde residió mucho tiempo estudiando y trabajando. En una corta carrera de nueve años filmó treinta películas. Estudió francés y dominaba además del checoslovaco —su idioma natal—, el alemán, italiano, español e inglés.

Su gran amigo Ernesto Alonso lamentaba el uso de somníferos de Miroslava, los cuales él le quitaba cada vez que tenía la oportunidad. Pedro Infante, quien no tenía una red de amigos tan grande como pudiera pensarse, consideraba a Miroslava una de las pocas personas con quien podía hablar francamente, y la muerte de su amiga lo mantuvo muy deprimido por mucho tiempo.

Un trabajo tan demandante y gratificante a la vez, como es el de la actuación, seguramente ayudaron mucho a que su mente se mantuviera tranquila por varios años, hasta que sucediera lo inevitable.

Conoció al famoso y muchas afirmaron, atractivo torero español Luis Miguel Dominguín, quien era por esa época muy popular, no solo por sus habilidades como torero sino también por su suerte con las mujeres. No fueron pocas las que desfilaron por sus brazos. Solo por mencionar algunas: Ava Gardner, Rita Hayworth, María Félix, Lana Turner, Zsa Zsa Garbo, Bridgitte Bardot, Olivia de Haviland, Anabella Power, Rommy Schnneider, Lauren Bacall, Ira de Furstenberg e Ivonne de Carlo.

Nuestra Miroslava no fue la excepción, y los que la conocieron aseguran que ella se enamoró locamente de él, quien la llevó a su finca en España y a un viaje en Italia donde le regaló un anillo y al parecer hasta llegó a prometerle matrimonio cuando estaban en las primeras fases del enamoramiento. Seguramente en esa misma fase andaba con la "Miss Italia" Lucía Bosé cuando también le ofreció matrimonio, con la diferencia que con esta última el asunto se volvió una realidad. Matrimonio que, por cierto, ni fue lo que seguramente esperaban los involucrados y ni duró lo que esperaban hasta los no involucrados. ¿Motivos? Sí, acertaste, infidelidades por doquier por parte de él. En alguna ocasión Lucía llegó a comentar: *"En materia de cuernos, yo, ¡medalla de oro!"*

Total, que Miroslava no se lo podía creer cuando los periódicos anunciaron el compromiso de la pareja y por más que intentó localizar a su amado exigiendo una explicación, simplemente no pudo. Él la había abandonado sin previo aviso. El Matador y la actriz italiana se casarían el 1 de marzo de 1955, nueve días antes del deceso de Miroslava.

Cualquiera que ha sufrido una decepción amorosa fácilmente podrá entender la desilusión de nuestra protagonista, y si a eso le aunamos el hecho de que "todo el mundo" se enterara de lo que le sucedía, y agregamos su predisposición a la depresión, pues, podría decirse que no es de sorprenderse, aunque sí de horrorizarse, de su decisión ese 10 de marzo de 1955.

Se encerró en su hermosa casa de Polanco en la ciudad de México y le dijo a su ama de llaves que se tomara tres días de descanso. Esta no obedeció y regresó al día siguiente de haberse retirado pues había notado que algo no andaba bien con su jefa, que estuvo tomando pastillas y considerables cantidades de alcohol, encerrada en su recámara. Supuso que dormía cuando tocó insistentemente a su puerta sin recibir respuesta, pero llegó a alarmarse y llamó a la también actriz y amiga de Miroslava, Ninón Sevilla; entre las dos forzaron la puerta, entraron y la encontraron muerta sobre su cama. Aunque su familia no permitió exámenes forenses ni dio información alguna de las circunstancias exactas que llevaron a la muerte a Miroslava, se supo que se había intoxicado con barbitúricos y alcohol. Otras fuentes aseguran que también se cortó las venas, pero nadie sabe a ciencia cierta ni los métodos usados por la artista, ni tampoco el suceso real que la llevó a tomar esta decisión que claramente estaba planeada desde hace mucho. A Ernesto Alonso, compañero suyo en su última película *Ensayo de un Crimen*, le aseguró que realmente sería ese su último trabajo, y no quiso ver la escena donde ardía su maniquí que era su viva imagen, en el fuego.

Irónicamente unas semanas después su propio cuerpo sería cremado a petición de su padre —su hija le dejó una carta pidiéndole perdón por el daño causado—. También le dejó otra carta a su único hermano Ivo, las dos en su lengua materna, y una tercera para su abogado, con específicas instrucciones.

Una anécdota curiosa; la última vez que vio y se despidió de su compañero, el actor y guionista español José María Linares-Rivas, le dijo: *"Bueno mi buen Chema, nos vemos en el otro mundo"*, a lo que él respondió: *"Está bien, ¡allá nos vemos!"*

Él murió tan solo unas semanas después que su compañera. Su película se estrenaría con gran éxito en todas las salas de cine en México en mayo de ese mismo año, después en Francia y muchos países más.

La noticia de la muerte de Miroslava Stern devastó al medio artístico mexicano, tanto, que hasta la fecha se le sigue mencionando como un gran talento y una vida truncada de la manera más desgraciada.

Cabe traer a colación que Luis Miguel Dominguín y Lucia Bosé son los padres del magnífico cantante español Miguel Bosé.

La vida era una fiesta

Eminente escritor y periodista norteamericano de padres muy educados y respetados de Oak Park en Illinois, en los suburbios de Chicago. Tuvo una relación muy complicada con su padre, de quien se dice tenía un carácter agresivo y era afecto a las armas. Fue precisamente Mr. Clarence quien le enseñó a cazar cuando el pequeño **Ernest Hemingway** contaba apenas cuatro añitos de edad. Así también lo llevaba a acampar al bosque, lo apoyó en su afición a los deportes en los cuales Ernest llegó a destacar, sobre todo en boxeo y futbol americano. Su padre también era una persona mentalmente inestable según se sabe, depresivo, golpeaba a su hijo frecuentemente y sin ninguna razón. El hecho de tener un padre que por un lado buscaba compartir tiempo con él y al mismo tiempo lo lastimaba, tiene que haber creado un tipo de apego inseguro en nuestro protagonista, ese tipo de traumas que desde luego trae consecuencias y una de las más notables —nos dice el Dr. Christopher D. Martin, del departamento de psiquiatría de la escuela de Baylor College en Houston—, fue esa continua insistencia del escritor de poner en riesgo su vida. De mostrarse fuerte, rudo y muy hombre.

Hemingway tenía 29 años y sintió que no pudo perdonar el hecho de que su padre se quitara la vida en ese año de 1928. Cuando con un tiro en la cabeza pusiera fin a su existencia, presuntamente por problemas financieros, Hemingway tildó a su padre de cobarde, como tachó también a varios de los personajes suicidas en sus novelas. No dudó en culpar también a su madre, a quien por cierto detestaba, y cuando se refería a ella lo hacía con nombres que de verdad prefiero no mencionar aquí. Al parecer dicho odio tenía que ver con el hecho de que la señora Grace Hall Hemingway lo vistiera como una niña durante sus primeros cinco años de vida, y encima de eso, lo llamara con nombres femeninos como "Dutch Dolly" (muñequita holandesa) y otros por el estilo. No es difícil imaginar la confusión que un asunto como este puede crear en un niño. Confusión y problemas; problemas que le impidieron por mucho tiempo relacionarse adecuadamente con el sexo opuesto.

Amante de la caza y la pesca, Hemingway llegó a encontrar por algún tiempo paz e inspiración en su casa de Cayo Hueso en la Florida, donde, como él mismo aseguraba, escribiría de manera fluida e incesante por muchísimo tiempo, así como también haber visto los más bellos amaneceres. Acompañado de una manada de gatos, Ernest vivió ahí entre escribir, acondicionar su bella casa (que por cierto fue la primera en tener sistema de agua potable en el lugar y uno que otro lujo que ni en sueños tendrían sus vecinos, como una piscina y un jardín encantador) y pescar.

El hecho de tener un faro precisamente enfrente fue de mucha ayuda en las noches que salía de juerga con sus colegas escritores y en las que le hubiera sido difícil encontrar el camino de regreso más que todo por el estado digamos, poco conveniente en el que volvía. Entrar en esa casa es como entrar un poco en la vida de este gran personaje de la literatura estadounidense, contemplar su estudio, ¡su máquina de escribir que sigue ahí!, penetrar en la intimidad de su recámara y luego si uno se sienta unos minutos en su jardín y se queda en completo silencio, podría jurar que su espíritu sigue merodeando alrededor. Es también muy curioso que mantengan aún aquel ejército de gatos en la casa, al parecer son descendientes de los mininos del escritor, los cuales yacen en un peculiar cementerio en el patio trasero. Hemingway sentía fascinación por estas criaturitas, mucha más de la que llegó a sentir por muchas personas que conoció durante su vida, y me viene a la mente Zelda Fitzgerald, por ejemplo, esposa de Francis Scott Fitzgerald, famosísimo autor de la estupenda novela *El Gran Gatsby*, entre otras. Los extraordinarios artistas se conocieron en París en los años veinte y llegaron a compartir una especie de admiración, respeto y a la vez hostilidad. Como sea que fuese Ernest no soportaba a Zelda, la encontraba demasiado exigente con su esposo, estaba seguro de que ella lo inducía a beber cantidades desmesuradas de alcohol e incluso llegó a llamarla loca en alguna de sus obras. Zelda se la antojaba desconsiderada y muy convencida de ser merecedora de lo mejor, demandaba un estilo de vida lleno de lujos que Francis tuvo que darle, aun cuando no podía hacerlo. Y como no hay mal que dure cien años, él se cansó de ella y la abandonó (al menos emocionalmente) en cuanto tuvo oportunidad y más que por sus exigencias, el desamor, confusión y desilusión del escritor se debieron a los arranques de locura de su esposa quien fue diagnosticada con esquizofrenia. En épocas posteriores,

Zelda entraba y salía de centros de ayuda sin ninguna mejoría lo cual atormentaba enormemente a su todavía esposo. Finalmente quedó ingresada en un hospital psiquiátrico de North Carolina, donde murió en un terrible incendio ocurrido en 1975.

Volviendo a Hemingway, aseguró que Cuba también fue su refugio en muchas ocasiones, en su finca Vigía donde recibiría ingeniosas ideas para su novela ganadora del premio Pulitzer *El Viejo y el Mar* (novela que por cierto me pareció fascinante al mismo tiempo que melancólica y un poco pesimista, o tal vez realista) entre 1940 y 1950. Así de cambiante podía ser este magnífico personaje quien a principios de los años veinte formó parte del famoso grupo de La Generación de Escritores Perdidos y vivía de reportajes, escritura y parrandas en la luminosa París, que sirvió de mucho para que *París fuera una fiesta,* viera la vida. El escritor siempre amó la idea de vivir en la capital francesa donde, según sus propias palabras, *"vivían las personas más interesantes de mundo".* Fue en la Ciudad Luz donde compartió borracheras con el fabuloso escritor James Joyce e interminables tertulias con Pablo Picasso.

Su afición a la bebida fue de dominio público, así como los bajones anímicos que lo llevaban a aislarse del mundo y sumirse en la escritura. Sirvió como corresponsal en España cubriendo las fiestas taurinas, ocasiones que le dieron oportunidad de entablar amistad con toreros de la talla de Luis Miguel Dominguín y Antonio Ordoñez.

Por quién doblan las campanas es un libro que surgió cuando se enrolara como voluntario conduciendo las ambulancias de la Cruz Roja en Italia (con apenas 18 años) y resultara herido en ambas piernas. Cabe destacar que fue en esa etapa de su vida cuando Hemingway sufrió también una gran decepción amorosa; se enamoró y comprometió con una enfermera italiana la cual dicen fue su más grande y a la vez frustrado amor ya que ella lo abandonó para casarse con un oficial italiano. Esta tristeza no dejó de estar presente en la memoria y el corazón de Hemingway.

Los balazos recibidos en Italia y otro terrible accidente sufrido en la Segunda Guerra Mundial serían solo unos de los muchos incidentes que sufriría el escritor durante su vida, los cuales le dejaron importantes dolores crónicos. Accidentes aéreos mientras hacía safari en África, accidentes automovilísticos, quemaduras, etcétera, le heredaron malestares físicos permanentes que lo mantenían en una profunda depresión además de causarle varios traumas cerebrales. Probablemente fueron también estas afecciones cerebrales las que lo fueron transformando poco a poco en una persona introvertida.

Sin embargo, y a pesar de sus temores, timidez y demás, el escritor tuvo muchas aventuras románticas. En su larga lista de amoríos podemos encontrar reconocidas figuras del medio artístico como Marlene Dietrich, Ava Gardner e Ingrid Bergman, y como mencionamos al principio, Ernest manifestaba —cada vez que tenía oportunidad— su aversión hacia el matrimonio, pero una vez que dio el primer paso, ya no pudo estar sin mujer. Cuatro mujeres portaron el flamante apellido Hemingway y cada una dejó una huella en nuestro protagonista. La primera fue Elizabeth Hadley, una mujer amable, atenta y servicial a quien conoció en Canadá, con quien viajó a París para trabajar como corresponsal del *Toronto Star* y madre de su primer hijo, John Hadley Nicanor, apodado Bumby y llamado también Jack, quien por cierto fue el padre de Margot Louise, exitosa Top Model de la década de los 70´s. Tan exitosa que fue la primer modelo en recibir un millón de dólares por un contrato.

Con una estatura de 1.80m y una gran belleza, Margot posó para las portadas de importantes revistas como *Vogue, Elle* y *Cosmopolitan*, además de aparecer en el cine a los catorce años. Desgraciadamente también sufrió muchos problemas como depresión, alcoholismo, epilepsia y bulimia. Se quitó la vida en 1996 con 42 años, ingiriendo una sobredosis de Fenobarbital, una droga indicada en crisis convulsivas, insomnio e incluso como anestesia preoperatoria. Otro de los varios suicidios en esta familia.

Cada vez que se casaba, Ernest Hemingway decidía cambiar de casa, sabia decisión en mi opinión. A su segunda esposa se la presentó la primera (esas cosas pasan). Pauline Pfeiffer, escritora también, fue la madre de sus hijos Patrick y Gregory. Con ella se casó en 1927. Martha Gellhorn, una corresponsal de guerra fue su tercera esposa, el escritor quedó prendado de sus larguísimas piernas las cuales él aseguraba, le comenzaban en los hombros. Sus allegados dicen que fue quien menos hizo por Ernest, que fue una esposa muy desentendida y fría. La cuarta y última cónyuge fue la también periodista Mary Welsh, su amor en la tranquilidad de la vejez, una persona comprensiva en quien nuestro Hemingway encontró confort en los últimos momentos de su vida.

Estos últimos años ya no fueron buenos para el ganador del Premio Nobel de Literatura.

Tanto golpe recibido le hizo padecer un dolor de cabeza crónico que lo mantenía sumido en la tristeza. Su cuerpo además comenzó a sufrir alta presión sanguínea, sobrepeso, diabetes y pues, Ernest no dejó de beber.

Con Mary compraron una casa en Ketchum, Idaho, en 1959. Mientras estuvieron ahí, el escritor fue internado en varias ocasiones en una clínica de salud mental para tratar su paranoia y ansiedad recibiendo terapia con *electroshock*. La paranoia se debía a la certeza que tenía Hemingway de ser espiado por la FBI por su relación con Fidel Castro. La sola idea de ser observado a cada momento lo volvía loco. Tiempo después se descubrió que sus sospechas eran ciertas.

No cabe duda de que nuestra naturaleza humana busca la supervivencia a costa de todo y por lo tanto son muy graves las razones que nos pueden llevar a terminar con nuestra propia existencia.

Ernest Hemingway habló en varias ocasiones, e incluso escribió a algunos de sus amigos sobre sus intenciones:

"Por primera vez entiendo cómo un hombre puede cometer suicidio solo por tener tantas cosas que debe cumplir que no sabe por dónde empezar"

"A mí me gusta mucho la vida, tanto, que será un gran disgusto cuando tenga que dispararme a mí mismo"

Y bueno, el terrible hecho se llevó a cabo ahí, en la casa que compartió con Mary, el 2 de julio de 1961 la fecha, domingo el día.

Depresión

La depresión llegará a ser la primera causa de discapacidad en todo el mundo. Según la Organización Mundial de la Salud (OMS), esta condición le cuesta a la economía mundial 1 billón de dólares en pérdida de productividad al año y es la causa principal de problemas de salud y discapacidad, lo que nos da más trabajo, aseguran muchos psicólogos. La verdad es que la depresión ha sido desde siempre —y sigue siendo— la condición mental más constante y prevaleciente. Rara es la persona que pueda decir no haberla experimentado en algún momento de su vida.

Mucho cuidado habría que tenerse de no confundirla con la tristeza.

Mientas que la tristeza es una de las cuatro emociones primarias (las otras son, la alegría, la ira y el miedo), la depresión es algo completamente diferente, el estado de ánimo caído es lo que genera la confusión. Sin embargo, la tristeza es algo que se da de manera natural y sin necesidad de un motivo. Dura aproximadamente cuatro días. En ese lapso nos sentimos inexplicablemente sin ganas de nada. Andamos queriendo escuchar música lenta, nos entra la melancolía, preferimos estar solos y no soportamos a esas personas felices de nuestro alrededor, que tal vez no precisamente sean la reencarnación de la felicidad, sino que tal vez andan en su fase de alegría, otra emoción primaria.

Recomendable es no hacer nada al respecto y dejar que la tristeza fluya. No tratar de evadirla o taparla, simplemente dejarla ser, que definitivamente pasará.

Y es aquí donde nos encontramos con la depresión. Cuando la tristeza no pasa. Ya dijimos que la tristeza cuando es natural debería durar un aproximado de cuatro días. O sea que, si pasan dos semanas, un mes y otro y otro, y la tristeza ya se convierte en compañera permanente, podríamos pensar en una depresión. Pero ese no es de ninguna manera el único síntoma de la depresión. Una persona depresiva simplemente ha dejado de encontrar un motivo para levantarse cada mañana. Se vuelven pesimistas, algunos experimentan insomnio crónico. No logran dormir las horas necesarias y otras, por el contrario, duermen mucho más de lo necesario. Evitan el contacto social. Sienten que nadie les entiende (y podrían estar en lo cierto) porque es probable que ni ellos mismos se entiendan. No entiendan lo que les está sucediendo. Las ideas suicidas están. De una u otra manera, muy esporádicamente o muy constantemente, disfrazadas o bien claras, pero sí, pasan por la mente de la persona en depresión.

Podríamos encontrarnos con una persona que normalmente posee una autoestima adecuada que ahora siente que tiene menos valor, le cuesta en demasía tomar decisiones y es incapaz de concentrarse. La sensación de inutilidad es inevitable en la depresión. Otra característica son los pensamientos desgraciados. La tendencia a refugiarse en la memoria, y la memoria no siempre es algo confiable.

Entonces la persona depresiva comienza a vivir en los recuerdos del pasado "cuando todo era mucho mejor, más simple". Y la frustración de no poder volver a ese pasado se puede convertir también en compañera permanente.

Alguien con depresión deja de sentir placer por las cosas que normalmente ama.

Algunos síntomas físicos evidentes en la depresión son la pérdida o el exceso de peso, esto, por la pérdida del apetito o, por el contrario, por los atracones. La fatiga crónica. El desgano. Lentitud para hacer las cosas o, podría notarse, por el contrario, una continua agitación.

Bien, entonces estamos hablando de tristeza continua, melancolía la mayor parte del tiempo. Frustración, sentimientos de culpa, sentimientos de desvalorización, apatía, aislamiento, fatiga, desconcentración, incapacidad de toma de decisiones. Sentimientos de inutilidad, desesperanza. Insomnio o hipersomnia, agitación o parsimonia, cambio en el peso corporal… ¡Uf! Abrumador, ¿no es cierto? ¿Abrumador leerlo, se imagina vivirlo a diario? Un verdadero infierno.

La depresión es un trastorno del estado del ánimo que puede tratarse o prevenirse.

Cuando hay depresión hay muerte de células, una reducción en la dinámica de los neurotransmisores que son los mensajeros del cerebro. Hay varias zonas que se ven afectadas por la tristeza como el hipocampo, que es la parte de nuestro cerebro donde se guardan los recuerdos, también el tálamo sufre una alteración importante, aquí es donde se regulan las sensaciones, al lóbulo prefrontal le sucede lo mismo, donde surge la planificación de comportamiento. Todas estas zonas trabajan en conjunto para mantener el equilibrio entre nosotros y el mundo. Cuando nos deprimimos, estas funciones se interrumpen. La depresión puede detener la evolución natural de este órgano vital. No hace mucho que se ha descubierto que un neurotransmisor, GABA es el encargado de inhibir los pensamientos no deseados, y cuando el hipocampo reduce este transmisor, empezamos a sentir ansiedad.

¿Por qué se deprimen las personas?

Por algún evento desencadenante. Por ejemplo:

- La pérdida de un empleo que era considerado como importante.
- La ruptura con la pareja
- Endeudamiento
- Situación financiera precaria o venida a menos.
- Pérdidas materiales significativas como una casa o cualquier propiedad privada.
- La pérdida de la libertad.
- Pérdida física o emocional de una amistad
- Muerte de un ser querido

... entre otras muchas cosas.

Y, ¿qué pasa con esas personas que hemos conocido y que en apariencia tienen "todo para ser felices"? ¿Cuántas veces no se ha escuchado hablar de alguien que tiene lo que se considera deseable; una linda familia, estabilidad económica, excelente empleo o empresa, pareja estable etcétera, y sin embargo comienza a padecer esta condición?

Es muy probable que esta persona tenga predisposición genética a la depresión. Entonces puede tener todo lo que las demás personas consideren necesarias para estar bien y sin embargo, no lo estará. Y esto podría causar sentimientos de culpa y no puede evitar sentirse una persona "mal agradecida" y si encima de todo, tiene a alguien que se lo repite todo el tiempo, ¿pues cómo no?

El suicidio es una de las diez causas principales de muerte en Estados Unidos. Japón tiene más suicidas que Estados Unidos aun cuando tiene menos de la mitad de la población.

Aunque no todos los que se suicidan son enfermos mentales, las enfermedades mentales, en particular aquellas que presentan síntomas psicóticos, aumentan en gran medida la probabilidad de intento de suicidio.

Se dice que un sobreviviente a un intento de suicidio seguramente tenía motivaciones diferentes a las del suicida que logró su objetivo; que tal vez buscaba únicamente llamar la atención o pedir ayuda.

Estas suposiciones podrían o no, ser ciertas. La diferencia puede estar en la letalidad del método utilizado.

Son tantos los factores de riesgo que se han encontrado para el suicidio que tendríamos que entender que este es un asunto por demás complejo y nunca, nunca, simple. Se habla de la edad, género, estado civil. Características de la personalidad, el estilo de pensamiento, el fácil acceso a los medios para suicidarse, presencia o ausencia de apoyo social, el abuso de alcohol y drogas. Tomando en cuenta toda esta complejidad, es importante entonces tomar también en cuenta la vulnerabilidad y la resiliencia personales.

Son los adolescentes y adultos jóvenes (entre 10 y 34 años) y las personas mayores de 70 años, las más propensas a cometer suicidio.

Aunque las mujeres intentan más que los hombres quitarse la vida, es más factible que ellos lo logren. Las mujeres parecen escoger medios potencialmente menos letales (sobredosis de drogas o veneno), los hombres escogen las armas de fuego. Aun así, el porcentaje de suicidio es mayor para las mujeres que para los hombres.

Anteriormente mencionábamos que los japoneses tienden más al suicidio con respecto a los estadounidenses. Factores culturales podrían tener que ver en esto, ya que en Japón el suicidio tradicionalmente es visto como una forma apropiada de manejar los sentimientos de vergüenza y de ser personalmente deshonrados. Tal vez por no haber logrado el éxito o haberse comportado de manera poco ética. En un estudio de 1999 que compara estudiantes universitarios japoneses y canadienses se mostró que era más probable que los japoneses pensaran en matarse, hubieran formulado un plan para hacerlo y tuvieran intentos anteriores. Los estudiantes canadienses tenían más probabilidad de buscar ayuda de un profesional de la salud mental, más que los estudiantes japoneses.

La desesperanza puede ser crucial para tomar una determinación tan extrema como la de quitarse la vida. Como recordamos, la desesperanza es uno de los síntomas de la depresión. El suicidio puede verse como la única estrategia posible para manejar los problemas "sin solución".

Existe un método para medir el nivel de desesperanza, es la Escala de Desesperanza de Beck. Los pacientes que puntean alto en esta escala tienen once probabilidades más de suicidarse que los que puntean bajo. La buena noticia es que la desesperanza puede ser tratada y superada con la terapia cognitiva. Encontramos también que, en algunos casos, el perfeccionismo puede aumentar la posibilidad de suicidio, más que la desesperanza.

La teoría del escape del suicida, de Roy Baumeister, explica cómo una cadena causal de eventos lleva al suicidio. La cadena comienza con uno o más eventos estresantes de vida en los que no se cumplen los estándares y expectativas de la persona. Esta, se atribuye internamente estos fracasos que después degeneran emociones negativas y pueden producir depresión, que luego se convierte en desesperanza. Se busca escapar de estas emociones negativas por medio de un retiro hacia un estado cognitivo, enfocándose solo en las metas inmediatas o a corto plazo. Como resultado de la separación entre sentimiento y cognición, medidas drásticas como el suicidio se vuelven aceptables.

Definitivamente no toda persona que experimenta una pérdida importante intentará quitarse la vida, una persona en especial vulnerable, probablemente sí.

Uno de los factores más importantes son el fin de un romance o un matrimonio. En términos generales las personas divorciadas tienen un porcentaje de suicidio mayor que el de las personas casadas. Sin embargo, los estudios epidemiológicos consideran muchos factores adicionales en la predicción muestran que los porcentajes de muertes por suicidio aumentan por el divorcio, solo entre hombres.

Suicidio por contagio es algo muy común que se da cuando la noticia de la muerte de alguna persona muy famosa o influyente se propaga. En ocasiones la intervención puede contrarrestar este efecto. Por ejemplo, después del muy publicitado suicidio de Kurt Cobain en Seattle en abril de 1994, las autoridades se prepararon para un desencadenamiento de suicidios por contagio, pero estos no ocurrieron. Afortunadamente.

Datos por demás relevantes

Cuando se da un suicidio en una familia y se investiga a fondo, seguramente se podrá encontrar que anteriormente, tal vez no tan lejos, en años anteriores, alguien más lo hizo. Y, es muy probable que, pasada una o dos generaciones, se repita. En la misma familia.

La persona que se ha quitado la vida, lo dijo alguna vez. Habló de sus intenciones.

La vida es sueño

Dormir o no dormir, he ahí el dilema. El dilema de muchos que toman al sueño como algo opcional.

La falta de sueño puede ser terrible para la psique de cualquiera; no todos ponen atención a esto ni entienden la gran importancia de dormir las horas necesarias, no entienden que dormir es para nuestro organismo, igual de importante que comer y beber. Cuando se comienza a padecer de insomnio es importantísimo identificar las razones, y si no se puede lograr esto solo, se busca ayuda. Los medicamentos deberían ser la última opción para combatir el insomnio, es mucho más eficaz trabajar en las razones de nuestra falta de sueño, una vez que las conozcamos, claro está. El no dormir suficiente o de una manera correcta puede tener consecuencias nefastas para cualquiera, derivando en múltiples afecciones físicas y psicológicas graves. Simplemente no funcionamos bien cuando no dormimos lo que necesitamos dormir, y si esta es una constante, es fuente de grande frustración, angustia, ansiedad. La persona llegará a un punto de desesperación que buscará poder dormir a cualquier costo, incluso si este costo es ya no despertar. Un dato interesante es la manera en que torturaban a los espías estadounidenses que eran atrapados en Rusia por allá en la década de los 40´s. ¿Cómo cree usted que sucedía esto? No los dejaban dormir. Los mantenían despiertos todo el día y parte de la noche, cuando comenzaba a cabecear de cansancio los dejaban dormir hasta entrar en la fase MOR que es la del sueño profundo, entonces encendían frente a sus rostros unos focos enormes con luz muy intensa, como esos que usan en las pobres gallinas para no dejarlas dormir mientras no pongan los huevos requeridos. Una vez despiertos por la luz, les tiraban agua fría y las preguntas comenzaban, los dejaban dormir unos segundos y repetían la operación y claro, era tanto el aturdimiento, el cansancio y la frustración, que los infelices hombres terminaban diciendo hasta lo que no tenían que decir, confesando cualquier cosa que se les pedía confesar. Cualquier cosa para que los dejaran dormir.

La incapacidad de dormir es perniciosa, pongámosle atención.

Primera infancia

47

Por supuesto que la primera infancia marca los pensamientos, creencias, conductas, hábitos y muy probablemente, el destino de las personas.

El ambiente en el que crece un niño muchas veces es determinante en lo que este será cuando adulto. La cultura, la escuela, los amigos y sobre todo los adultos que tendrá cerca, serán la base para su vida futura.

Recuerdo muy bien un caso que leí hace muchos años; el de **David Reimer**. El escritor John Colapinto hizo una ardua labor al investigar por medio de documentos y entrevistas la vida de este hombre que fue criado como niña. En su libro *As Nature Made Him*, nos relata los sucesos que determinaron la desgraciada vida de Reimer.

Cuando contaba con un año, David fue sometido a una cirugía por una dolorosa condición médica en su pene, y en esta cirugía accidentalmente el miembro del niño fue amputado. A partir de entonces, todos los médicos que visitaron les aseguraron a sus padres que David nunca podría crecer ya como un niño. No dejaron de buscar ayuda, y así fue como dieron con un doctor de la Hopkins University quien estaba tratando de desarrollar una teoría que afirmaba que un niño tratado quirúrgicamente puede ser criado exitosamente ya sea como niño o como niña. Los padres de David se fiaron de este doctor y siguiendo sus consejos le extirparon los testículos al niño y comenzaron a vestirlo y tratarlo como a una niña, incluso le cambiaron el nombre a Brenda. Mientras iban creciendo, ni Brenda ni su hermano gemelo Brian tenían idea de lo que había sucedido. En el lapso de 14 años, Brenda fue sometida a tratamiento hormonal, el plan trazado incluía visitas regularmente al doctor, pero todo fue en vano. Brenda nunca se sintió cómoda con su género. Los maestros de su escuela reportaban su bajo nivel académico así como su falta de interés por los juegos de niñas; le llamaban la atención únicamente los juguetes de niños. Las personas que Colapinto entrevistó para escribir su libro, aseguraron que no había nada femenino en Brenda, que incluso su hablar y su andar eran masculinos. Nadie fuera de la familia Reimer sabía lo que había sucedido con uno de sus gemelos. Fue hasta un poco antes de la programación de la cirugía en la que le reconstruirían una vagina artificial, cuando los padres decidieron contarle a él y a su hermano lo que había sucedido; no vieron otra alternativa al entender que su plan había fallado.

David se sintió aliviado y es fácil imaginar el *shock* que debió ser recibir tremenda noticia. De todas maneras, comenzó lo más pronto que pudo a recibir tratamiento con hormonas masculinas, se extirpó los senos adquiridos en los tratamientos hormonales recibidos durante su vida, se sometió a una cirugía para adquirir un pene rudimentario y le implantaron testículos falsos en un escroto reconstruido. La familia inventó una historia para explicar la desaparición de Brenda, y cuando David entró nuevamente en escena y todo parecía listo para un feliz cambio de vida, sus compañeros de escuela de alguna manera averiguaron toda la verdad y el caso salió a la luz pública, fue entonces su primer intento de quitarse la vida, intento que fracasó porque sus padres lo encontraron a tiempo para salvarle.

No obstante, y poco después de cumplir 22 años y someterse a una nueva cirugía en la que adquirió un pene artificial, David seguía luchando con sus demonios:

"No hice nada malo, pero parece que estuviera condenado a avergonzarme de mí mismo. El solo pensar que yo usaba vestidos, tenía un nombre de niña, con el cabello largo y todo eso, voy a vivir con ello el resto de mi vida. No puedes borrar recuerdos como esos".

Luego de una serie de eventos estresantes: su divorcio poco después de tratar de llevar una vida "normal", la pérdida de su trabajo y sobre todo la muerte de su hermano Brian por sobredosis de droga, seguramente orillaron su suicidio dos años después, en mayo del 2004.

Hemingway también experimentó en su infancia temprana haber sido vestido y tratado como niña por parte de su madre, estos y otros eventos grandemente estresantes de su infancia han sido expuestos en este documento y por lo tanto sabemos cómo afectó la salud mental de este gran escritor estadounidense.

Adolfo Hitler fue sometido a crueles castigos físicos por parte de su padre Alois, quién era una persona antipática, agresiva y pedante. Generalmente llegaba enojado a casa después del trabajo desquitando su frustración con sus hijos, especialmente con Adolfo, a quien propinaba tremendas palizas que incluían golpes con la hebilla de su cin-

turón. Las personas que conocieron a Alois aseguran que era también "un borracho" y Paula, la hermana de Adolfo, confirmó en algún momento que
las golpizas que su hermano recibía eran tremendas
y a diario hasta que este cumplió trece años, aproximadamente.

Y la lista continúa…

Un episodio depresivo

La característica esencial de un episodio depresivo mayor es un periodo de al menos dos semanas durante el que hay un estado de ánimo deprimido o una pérdida de interés o placer por casi todas las actividades. En los niños y adolescentes el estado de ánimo puede ser irritable en lugar de triste.

Frecuentemente, el estado de ánimo en un episodio depresivo mayor es descrito por el sujeto como deprimido, triste desesperanzado, desanimado. En algunos casos, la tristeza puede ser negada al principio.

Son frecuentes los pensamientos de muerte, la ideación o las tentativas suicidas. Estas ideas varían desde la creencia consistente en que los demás estarían mejor si uno muriese hasta los pensamientos transitorios, pero recurrentes, sobre el hecho de suicidarse, o los auténticos planes específicos sobre cómo cometer suicidio.

Los síntomas centrales de un episodio depresivo mayor son los mismos para niños y adolescentes. Algunos síntomas como las quejas somáticas, la irritabilidad y el aislamiento social, son especialmente habituales en los niños, mientras que el enlentecimiento psicomotor, la hipersomnia y las ideas delirantes son menos frecuentes antes de la pubertad que en la adolescencia y la edad adulta.

Los síntomas de un episodio depresivo mayor suelen desarrollarse a lo largo de días o semanas y pueden durar cuatro meses o más si no es tratado.

Las mujeres presentan, en comparación con los hombres, una mayor probabilidad de desarrollar episodios de depresión mayor en algún momento de su vida, habiéndose encontrado las diferencias más amplias en estudios llevados a cabo en Estados Unidos y Europa. Este aumento del riesgo se instaura durante la adolescencia y puede coincidir con el inicio de la pubertad. Una proporción importante de mujeres refieren un empeoramiento de los síntomas del episodio depresivo mayor unos días antes del inicio de la menstruación. Los estudios realizados indican que los episodios depresivos aparecen con el doble de frecuencia en mujeres que en hombres.

Fisiopatología del Episodio Depresivo Mayor

54

El Episodio Depresivo Mayor puede consistir en una alteración de la regulación de diversos sistemas de neurotransmisores, incluyendo los de la serotonina, noradrenalina, dopamina, acetilcolina y ácido gamma-aminobutírico (GABA). También existen pruebas de alteraciones de diversos neuropéptidos, como la hormona liberadora de coricotropina. En algunos pacientes deprimidos se han observado alteraciones hormonales como aumentos en la secreción de glucocorticoides.

Los estudios de neuroimagen cerebral funcional muestran la existencia de alteraciones del flujo sanguíneo cerebral y del metabolismo en algunos individuos, como un aumento del flujo sanguíneo en las regiones límbicas y paralímbicas y un descenso en el córtex prefrontal lateral. La depresión que se inicia en etapas tardías de la vida se asocia a alteraciones de las estructuras cerebrales, incluyendo cambios vasculares periventriculares. No obstante, ninguno de estos cambios se observa en todos los individuos que sufren un episodio depresivo mayor y no existe ninguna alteración específica para la depresión.

Algunas zonas afectadas por la depresión son el hipocampo (encargado de los recuerdos) el tálamo (quien equilibra las sensaciones) lóbulo frontal (donde se desarrollan los procesos cognitivos) y la corteza prefrontal (donde se ejecutan las planeaciones). Estas zonas trabajan conjuntamente para nuestro buen funcionamiento y ayudan a mantenernos en equilibrio con nuestro entorno. Desde luego que en la persona deprimida estos procesos se alteran, se interrumpen. Mientras más tiempo el cerebro se deprime es peor, ya que ocurren muertes de células y reducción en la dinámica de los transmisores. Podría decirse que la comunicación entonces es muy pobre lo cual conduce inevitablemente a cambios radicales como cambios de humor, mala memoria y dificultad en el aprendizaje.

La bella señora Bichir

Demian Bichir y su familia, son personas que tienen toda mi admiración por su gran talento y su capacidad de llevarlo a muchos niveles.

A él lo he visto en varias películas como *Rojo Amanecer,* y *Sexo, Pudor y Lágrimas,* y me dio muchísimo gusto descubrir que tenía el papel del sacerdote en la tan comentada película del 2018, *La Monja.* Aunque no podría decir que me sorprendiera, ya que si algo ha caracterizado a Demian es ese espíritu de emprendimiento y de luchar por lo que quiere que lo ha llevado hasta donde está. Ese mismo espíritu lo ha impulsado no únicamente a trabajar arduamente en su carrera como actor de teatro, televisión y cine, sino que también ha participado como productor y director en varios proyectos importantes en su país y fuera de él. Ese mismo espíritu lo animó a salir de su zona de confort y probar suerte en Estados Unidos, donde le ha ido magníficamente. Escucharlo hablar es un deleite, no solamente muestra una mente flexible en temas de actualidad, también se deja ver su parte culta y su sentido del humor.

Hace algunos meses estuve leyendo que estaba radicando en California con su esposa de hace unos 8 años, **Stefanie Shrek**, y la perrita de ambos. Ella me pareció muy bella y elegante, además en las fotografías juntos, los dos se veían realmente felices; ella lo miraba con amor y a él, el orgullo por ella le brotaba por los poros. Supe que Stefanie era de origen canadiense, que había participado en la primera película que Demian había producido ya que compartía con él la profesión de actriz, además de productora y escritora. En una entrevista por su participación en la serie *#Hashtag*, la esposa de Demian se mostraba muy contenta y llena de vida. Habló de algunos temas personales como su amor por su abuela, a quien solía enviarle cartas de su puño y letra (la señora se negaba a entrar al mundo de la tecnología moderna), y de una profesora que la había dejado muy marcada por su pasión por la vida y sus ávidos deseos de aprender a diario. Mencionó a su perrita y que lo más valioso que tenía en su celular era precisamente fotos de su mascota, quien era más que eso para ella; era familia. Cuando le preguntaron cuál era su temor más grande, contestó: *"Me atemoriza no luchar por lo que quiero, no ir tras mis sueños"*. Al entrevistarla en una alfombra roja donde acompañaba al actor candidato al Oscar, ella comentó: *"Era imposible no enamorarme de él. La nuestra es una relación llena de apoyo, risas y comunicación"*.

Desde luego que la noticia de la trágica muerte de Stefanie en abril de 2019 dejó al público por demás sorprendido y más que por ninguna otra razón, por la causa de su deceso.

Al parecer Demian había salido esa noche temprano a hacer algunas compras al supermercado, y al regresar, qué terrible debe haber sido encontrar a su compañera en el fondo de la piscina de su casa, con artefactos pesados amarrados a ella, evidentemente, para mantenerla sumergida.

Al principio no se dio a conocer la causa de su muerte y en lo personal me sorprendió que fuera él quien lo comunicara; lo digo porque por lo general la familia prefiere callar ese tipo de circunstancias. Después supe que Demian se había visto obligado a hablar sobre el asunto ya que de todas maneras el *Medical Examiner* del condado de Los Ángeles publicaría los resultados de la autopsia para posteriormente llevar a cabo una investigación forense y así poder extender el certificado de defunción ya que las leyes de Estados Unidos así lo dictan. La autopsia reveló que murió de encefalopatía anóxica, condición en la que el tejido cerebral se priva de oxígeno lo que resulta en la pérdida de la función cerebral. Sus restos fueron cremados y enviados a Canadá.

La edad que tenía esta hermosa mujer al morir no se sabe con exactitud, se habla de 37 años y de 43, lo que sí es seguro es que era demasiado joven para irse, tenía muchísimas cosas por hacer y personas que sufren su ausencia.

Poco tiempo después de este lamentable suceso, un sobrino de Demian comentó en una entrevista que estaba preocupado por su tío, ya que se había mantenido lejos del foco público y de las redes sociales. Sentía que tal vez estaba demasiado aislado. Es de esperarse, porque cada persona vive su duelo de manera diferente.

El informe médico reveló también que Stefanie había sufrido episodios de depresión, ansiedad e insomnio.

"Esta aflicción muy seria y en muchos casos como ahora, invisible, arrincona a los seres humanos en un lugar terriblemente oscuro", declaró Demian sobre la depresión.

Un cuento de circo es la película en la que la pareja trabajó junta, en 2016. Mara Patricia Castañeda, conocida periodista, comentó: *"Demian tiene que estar tranquilo porque le dio mucho amor, no se puede culpar"*.

Stefanie dejó de estar activa en las redes desde diciembre 2018, cuando murió su adorada perrita, sobre la cual publicó su foto y fue precisamente esa la última publicación que hizo.

"Es realmente difícil saber si algo es para siempre, nunca planeo eso. Amas a alguien todos los días y esperas que eso dure para siempre". Demian Bichir.

Depresión, suicidios e intentos de suicidios

La tan terrible depresión ha tenido entre sus garras a todos al final, y como estamos viendo, aunque nunca ha sido un secreto, nadie está exento a ella.

La vocalista del maravilloso grupo de música alternativa, *The Cranberries*, **Dolores O'riodan**, pese al tan avasallador éxito de su banda y su bonita familia, sufrió varios episodios depresivos durante su vida. El lunes (el famoso *Blue Monday*) 15 de enero de 2018 fue encontrada muerta completamente sumergida en la tina del baño de su cuarto de hotel en Londres, donde se encontraba preparando grabaciones musicales. Su actual pareja rehusó a dar declaraciones sobre su muerte y las autoridades hablaron sobre una intoxicación. Desde luego que con el tiempo salieron a relucir otras posibles causas, como cantidades excesivas de alcohol en sangre, sin descartar el suicidio ya que también se dice que padecía trastorno bipolar, el cual se suponía mantenía controlado gracias a la ayuda de su psiquiatra. La música de esta banda es una de las que más amo y la voz de Dolores es de esas que te hace sentir muchas emociones al mismo tiempo, era simplemente única y su tema *Dreams* es magnífico en todos los sentidos. Una pérdida muy, muy triste.

Cuando se mencionan las terribles consecuencias que padecer trastorno bipolar puede acarrear para las personas, no puedo evitar pensar en **Virgina Woolf,** aunque en su tiempo no se tenía información de este tipo condiciones. Es hasta ahora que los expertos en el tema han decidido que muy probablemente ese haya sido el problema que sufría una de las novelistas más importantes del siglo XX. En la nota que dejó a su esposo se dejaba ver que ya no coordinaba bien sus pensamientos, aunque sí quedó claro que lo amaba y que no deseaba que se culpara por una decisión que había sido únicamente suya. Tampoco puedo evitar comparar el método que usó Stefanie Shrek con el de Woolf: ambas se valieron de peso para sumergirse en el agua. Virginia lo hizo colocando piedras en los bolsillos de su abrigo y arrojándose al rio Ouse el 28 de marzo (casualmente la fecha en la que escribo estas líneas) de

1941. A diferencia de Shrek, el cuerpo de Virginia no fue encontrado sino hasta tres semanas después.

En su novela *La Señora Dalloway* —que mucho me impresionó ya que esta tremenda artista logra contar una historia y llevarte en medio de ella durante toda la narración, y resulta que todo lo que está contando sucede en un solo día; o sea, toda la trama de la novela se limita a un solo día: el preámbulo a la fiesta de Clarissa Dalloway y la recepción en sí—, me pareció increíble su poderosa imaginación. Igualmente se nota la fascinación que tiene con la muerte y su probable idea de que esta puede ser liberadora. En algunos apartados podemos leer:

"De repente Septimus dijo: y ahora nos mataremos, cuando estaban junto al río, y miró al río con una expresión de estar fascinado por algo". "La muerte era un desafío, era un intento de comunicar". "Si ahora muriera, sería extremadamente feliz, se dijo Clarissa en cierta ocasión, bajando la escalera, vestida de blanco". "En cierta manera, se sentía muy parecida a él, al joven que se había matado. Se alegraba de que se hubiera matado; que lo hubiera arrojado lejos, mientras ellos seguían viviendo".

Virginia nació en el seno de una familia intelectual y algo compleja ya que sus padres se casaron en segundas nupcias y ambos tenían hijos de sus relaciones anteriores. Cabe mencionar que la única hija de Sir Leslie Stephen, Laura, tenía un trastorno mental, según nos cuenta Roberto Mares en el prólogo de la Señora Dalloway de la primera edición de marzo 2015.

Julia Princep Jackson, su madre, quien por cierto era modelo de importantes pintores del momento, tenía tres hijos. Juntos Leslie y Julia procrearon cuatro muchachos más de los cuales Virginia fue la menor. Su padre era un hombre letrado, biógrafo y prestigioso crítico. Debido a la fama de sus padres en el ambiente cultural del Londres de esa época, Virginia tuvo la oportunidad de relacionarse con importantes personalidades entre las cuales se encontraban artistas, escritores e intelectuales, y es fácil imaginar la influencia e inspiración que recibió de todos ellos. Mientras crecía en un mundo de hombres y se daba cuenta, decidió cuando tuvo la oportunidad, animar a las mujeres a escribir, aunque advirtió que si una quería tener éxito escribiendo novelas, definitivamente tendría que tener independencia económica y personal, o sea, *Una Habitación Propia,* nombre de una de sus obras más importantes. Lo mismo nos asegura Isabel Allende en nuestros días; en su bellísima novela *Paula* asegura que no hay libertad sin independencia económica.

Volviendo a nuestra autora, trágicos eventos que a continuación conoceremos la sumergieron en un estado de constante angustia, padecía recurrentes dolores de cabeza e insomnio, y ciertamente una personalidad demasiado autocrítica y continuo miedo a la soledad no ayudaron en nada.

Los episodios depresivos comenzaron a aparecer muy temprano en la vida de Virginia ya que como ella misma lo contara en una obra autobiográfica, sufrió abuso sexual por parte de dos de sus hermanastros, los hijos que Julia había traído de su antigua relación. Luego vino precisamente la muerte de su madre siendo ella una jovencita que comenzaba apenas su adolescencia, lo cual fue terrible para ella y por si esto fuera poco y solo dos años después, murió una de sus hermanas.

Otro evento por demás terrible en la vida de la escritora fue la muerte de su padre cuando ella contaba 22 años, este halo de tristeza la acompañaría de manera permanente. En la obra de Woolf se contemplan claramente sus sentimientos al atribuirle miedos, escepticismo, tristeza e ideas suicidas a sus personajes.

Por fortuna contaba con un grupo de amigos todos jóvenes intelectuales que se reunían regularmente a compartir sus ideas y que seguramente fueron muy importantes para su distracción y diversión. Fue en ese grupo que conoció al periodista y escritor Leonard Woolf con quién se casó en 1912 y de quien adoptó el apellido con el cual sería tan conocida. Fue también su esposo quien la animó a escribir. Juntos fundaron la casa editorial *Hogarth Press*, donde se publicarían las obras de Virginia, así como las de otros autores muy importantes, como el poeta, dramaturgo y crítico literario Thomas Stern Eliot, e incluso ellos fueron los primeros en publicar las obras de Sigmund Freud en Inglaterra.

Esta es la nota que encontró Leonard:

"Siento que voy a enloquecer de nuevo. Creo que no podremos pasar otra vez por una de esas épocas terribles. Y no puedo recuperarme esta vez. Comienzo a oír voces y me cuesta trabajo concentrarme. Así que hago lo que me parece lo mejor que puedo hacer. Tú me has dado la máxima felicidad posible. Has sido en todos los sentidos todo lo que cualquiera pudiera ser. Creo que dos personas no podían ser más felices, hasta que vino esta terrible enfermedad. No puedo luchar más. Sé que estoy arruinando tu vida, que sin mi tú podrás trabajar. Lo harás, lo sé. Ya ves que ni siquiera puedo escribir esto adecuadamente. No puedo leer. Lo que quiero decir es que debo toda la felicidad de mi vida a ti. Has sido muy paciente conmigo e increí-

blemente bueno. Quiero decirlo, aunque todo el mundo lo sabe. Si alguien podía haberme salvado habrías sido tú. Todo lo he perdido excepto la certeza de tu bondad. No puedo seguir arruinando tu vida durante más tiempo. No creo que dos personas pudieran ser más felices que lo que hemos sido tú y yo".

La muy conocida, bellísima y talentosa actriz afroamericana **Halle Berry** es además conocida en el mundo del espectáculo por su bonita personalidad y su carácter firme. Después de ser elegida *Miss USA Teen* a principios de los años 80´s, recibió la oportunidad de trabajar en el cine interpretando diversos papeles, desde una madre drogadicta que pierde la custodia de su hijo en *Loosing Isaiah*, pasando por una bailarina exótica en *The Last Boyscout*, una de las chicas Bond, hasta papeles en *trailers* como *Gótica*, donde compartió créditos con el inigualable Robert Downey Jr. Es merecedora ganadora de un premio Oscar y madre de dos niños. Con más 50 años podría decirse que es una mujer feliz y satisfecha con tanto logro, pero no siempre fue así.

Cuando su matrimonio con el beisbolista David Justice llegó a su fin, entró en una profunda depresión. No era la primera vez ni tampoco raro, teniendo en cuenta la difícil infancia que tuvo con un padre alcohólico que las golpeaba a su hermana, su madre y a ella, que se marchó cuando ella era una niña y con quien nunca más quiso tener contacto. Tras su divorcio Halle sentía que lo único que quería hacer era morir. Entonces decidió que así sería.

Sentada en su carro, dentro del garaje de su casa, conectó un tubo al escape del vehículo encendido, lo colocó en el interior y cerró las ventanillas. Se quedó ahí sentada inhalando el gas con monóxido de carbono cuando de repente pensó en su madre. Podía imaginarla vívidamente encontrando su cuerpo sin vida, podía imaginar su angustia y dolor, y fue eso lo que la hizo desistir de su intento. Salió en cuanto pudo del automóvil y pidió ayuda, por fortuna estuvo a tiempo de salvarse. En entrevistas posteriores declaró que ya había entendido que el hecho de que su esposo no la quisiera no significaba que nadie más la querría y que estaba muy feliz de no haber logrado su objetivo ese día. Su segundo matrimonio tampoco funcionó (fue entonces que tomó la decisión de no volver a casarse) pero ya tenía claro que, aun así, podía seguir adelante.

El método utilizado por Halle es el mismo que usó **Anne Sexton**, escritora ganadora del premio

Pulitzer. Ella también inhaló monóxido de carbono en su garaje, pero no corrió con la misma suerte de la actriz. Ese octubre de 1974 murió, luego de padecer depresión la mayor parte de su vida.

Incesante confusión

Esta famosa escritora nace un 29 de abril de 1936. Tratar de entrar en la mente de **Alejandra** Pizarnik deberás saber que no es tarea fácil.

Por un lado, tenemos un intelecto genial capaz de muchas grandezas, muchísimo conocimiento, mucho andar por el mundo, redes sociales que ya quisiéramos muchos y mal que bien, una familia que logró huir del terror de la Segunda Guerra Mundial cuando muchísimas otras familias, no lo lograron. Porque incluso sucedió que todos los parientes de sus padres que quedaron en Rusia fueron asesinados.

Elías y Rosa Pizarnik llegaron a Avellaneda, Argentina, en 1934; ella venía embarazada de la hermana mayor de Alejandra, Myriam. Como tantas personas en aquella situación, la familia Pizarnik trató de adaptarse a su nueva patria y comenzar de nuevo en un lugar completamente desconocido para ellos. Se podría decir que a toda la familia le fue bien, excepto a Alejandra.

Todas las personas tenemos una personalidad única y podemos ser muy diferentes, incluso, que nuestros hermanos de sangre, y así sucedió con Myriam y su hermana menor. A Alejandra le afectó mucho la discriminación que sufrió mientras crecía. Discriminación por parte de las personas en su entorno que no dejaban de recordarle que era extranjera y, por lo tanto, diferente a ellos. Discriminación por parte de su madre al compararla todo el tiempo con Myriam, comparación en la que generalmente salía mal parada ya que su hermana mayor fue una estudiante modelo, una hija bien portada, además de muy bella, alta, rubia y esbelta. Y la otra discriminación, la peor, la que provenía de ella misma. Alejandra Pizarnik nunca llegó a aceptarse.

Era una ávida lectora y sentía mucho interés por el psicoanálisis. Escribió bellos poemas que tenían como tema principal, la infancia, dolor, soledad y muerte. El tema del inconsciente le fascinaba.

Estudió literatura, periodismo, filosofía, letras y pintura. Mientras tanto, ya estaba instalada fuertemente en ella una baja y débil autoestima, una gran necesidad de sentido de pertenencia que tal vez buscaba en París, al mudarse allá. Definitivamente buscaba desligarse de su familia.

Alejandra siempre mostró fascinación por la muerte.

Al viajar a París en 1960, trabajó como traductora en una revista. Estudió literatura francesa e historia de la religión. Expuso sus pinturas y dibujos, y por si estos logros fueran pocos, en La Sorbona, conoció a ¡Octavio Paz y Julio Cortázar!

Se dice que sufría trastorno límite de la personalidad, consumía anfetaminas regularmente, era descuidada en su aspecto, tenía tendencia a un fuerte acné y al sobrepeso. Su asma y tartamudez tampoco ayudaron a una Alejandra que mientras crecía, se volvía un verdadero problema para sus padres, tanto en casa como en la escuela.

Al regresar a Argentina hace dos publicaciones más y simplemente no lograba superar sus problemas de niñez y adolescencia, aunados todo esto a verse forzada a ocultar sus preferencias sexuales.

Quizás buscara en París un refugio. O tal vez lo buscaba en Nueva York al mudarse un tiempo a ese lugar, después de su primer intento de suicidio en 1970, al poco tiempo de su regreso de Europa. Lo que sí quedaba claro era su necesidad de reconocimiento, su necesidad de que alguien notara que ella estaba ahí.

La muerte de su padre en 1967 la sumerge en
una gran tristeza y asegura que este acontecimiento
la hizo ver su propia muerte más real, los temas en
sus diarios se vuelven aún más oscuros.

En Buenos Aires se interna en un hospital psiquiátrico.

*"¿Qué haré cuando me sumerja en mis fantásticos
sueños y no pueda ascender? Porque alguna vez va a tener
que suceder. Me iré y no sabré volver. Es más, no sabré
siquiera que hay un *saber volver*. No lo querré acaso".*

Su libro *La última inocencia* tiene una dedicato-
ria a su psicoanalista Oscar Ostro.

Sale con un permiso especial del hospital y pocos días después ingiere 50 pastillas de barbitúricos. Contaba con 36 años ese 25 de septiembre de
1972.

Genialmente maravilloso

Si hay alguien que tiene mi admiración, cariño y agradecimiento eterno es el señor **Robin Williams.** Nunca olvidaré el momento y el lugar donde me encontraba ese triste día de agosto del 2014, cuando me enteré de su fallecimiento. Y es que lo que lo deja a uno sin habla es la manera en que suceden estas muertes. ¿Quién podría imaginarse a una persona con tanta energía, vitalidad y amor por la vida acabando con la suya? Nadie.

Particularmente no conozco a nadie (y conozco a muchas personas) que no haya reído a carcajadas con las ocurrencias de este señorón de la comedia. Que no sienta simpatía por él.

Las personas de mi generación lo disfrutamos muchísimo, por supuesto que no todo lo que hubiéramos querido, porque las personas de la generación anterior a la nuestra, por ejemplo, tuvieron aún más oportunidad de reír con las representaciones que hiciera al principio de su carrera. Cuando veo escenas de *Mark and Cindy* no sé, no puedo evitar pensar qué diría ese jovencísimo Robin Williams lleno de alegría, de proyectos, de amor y sobre todo, de vida. ¿Qué diría si alguien le hubiera contado lo que se hizo a sí mismo años más tarde? Seguramente le costaría mucho creerlo. ¿Lo habría comprendido? Tal vez sí. ¿Se hubiera perdonado? No lo sé, de verdad que no lo sé.

Acostumbrémonos por favor a encontrar en este trabajo siempre, referencias acerca de la infancia de nuestros aquí referidos. Sin ese conocimiento nos será mucho más difícil entender.

Robin Williams creció como hijo único de un matrimonio que pasó la mayor parte del tiempo trabajando, alejados de su hijo. Si ya de por sí resulta complicado para algunos niños crecer sin la compañía de hermanos con quien jugar, pelear y compartir la infancia, imaginemos o recordemos lo que será crecer completamente solo. Niñeras iban y venían en el hogar de Laurie y Robert, mientras el pequeño se hacía acompañar todo el tiempo por su ejército de mil soldaditos de juguetes.

Laurie Williams, quien por cierto era una señora muy guapa y elegante, aseguraba: *"Siento que Robin fue puesto en esta tierra para hacernos reír"*.

Me llama la atención el hecho de que su padre era un señor muy serio y reacio a las manifestaciones de humor; sin embargo, cuando veía a Jonathan Winter en la televisión se retorcía de la risa. Y que fuera esta persona precisamente quien se convirtiera en el modelo a seguir para nuestro amigo, quien realmente se sentía intrigado con este cómico, que con sus cientos de personajes hacían reír tanto a su padre, es muy probable que ese fuera uno de los objetivos de Williams, no permitir que nadie se abstuviera de reír, al menos no en su presencia.

"Robin era una tormenta eléctrica de genial comedia", dijo Steven Spielberg, "y nuestras risas eran el trueno que lo sostenía". Y bueno, si tenemos en cuenta que su madre era exactamente lo opuesto a su padre; divertidísima, según lo asegura el mismo Williams en varias entrevistas pues, parece bastante comprensible la actitud que adopta en su temprana adultez. Y hasta entonces, porque mientras crecía era muy serio, algo así como uno de sus lánguidos discípulos de *La Sociedad de los Poetas Muertos.* Entendible si descubrimos que fue objeto de *bulling* en la academia privada donde estudiaba, en la ciudad de Detroit, a pesar de ser un muchacho obediente y con buenos modales. Sus compañeros no perdonaban su exceso de peso, su estatura que estaba por

debajo del promedio para su edad, por lo tanto, recibió muchas palizas a lo largo de los años en los cuales su sobrenombre oficial fue, enano.

Y que como no hay mal que dure cien años, un buen día decidió practicar lucha libre, bajó 50 libras y comenzó a sentirse diferente, incluso divertido. Este estilo de vida lo mantuvo por muchísimo tiempo, incluso al comenzar su carrera en la televisión y su primer matrimonio. Su primera esposa, Valerie Velardi, cuenta que el entonces joven y prometedor actor tenía el hábito de la lectura y su bicicleta era su fiel compañera; acostumbraba a recorrer kilómetros y kilómetros en ella siempre que tenía oportunidad, afición que siempre mantuvo, e incluso atendía muy seguido el tour de Francia como espectador. Su colección de bicicletas fue subastada dos años después de su muerte, y lo que se recaudó (unos 600,000 USD) fue donado a la caridad.

Desafortunadamente, al llegarle su gran oportunidad en televisión y cambiarle la vida —después de compartir con su esposa un pequeño apartamento de una habitación, se encontró con el ofrecimiento de ¡quince mil dólares por semana!, los cuales, con el éxito de *Mork & Mindy*, ¡se convirtieron en cuarenta mil!— cambió también su círculo de amigos y sus hábitos. Jim Belushi fue a quien más frecuentó y con quien compartió drogas y alcohol infinidad de veces, se la pasaba de fiesta en fiesta, había ocasiones en que podía estar en cuatro centros nocturnos en una sola noche, las mujeres se le pusieron en bandeja de plata y él no se negó.

Cuando parecía que todo iba viento en popa, se enteró —por una llamada— de la muerte de Belushi por sobredosis exactamente al día siguiente de haber estado en su casa drogándose juntos (esto ocurrió en 1982). La muerte del actor ciertamente hizo "despertar" a Williams, quien declaró que buscaría ayuda y no volvería a perderse en ese mundo, y el hecho de que cancelaran su programa después de 95 episodios y que se enterara por medio de la prensa, aunado al requerimiento del divorcio por parte de Valerie, realmente le hizo detenerse y pensar lo que estaba sucediendo con su vida.

Zachary, su primer hijo con Valerie, era aún muy pequeño cuando vino la ruptura de la familia.

Marsha Garces, la niñera, se quedó trabajando como asistente de Williams, y un tiempo después terminaron enamorados y casándose. Ella es la madre de sus hijos Cody y Zelda. Después de 29 años de matrimonio y varias recaídas en el alcohol por parte del actor, la pareja terminó separada, pero

Williams siempre estuvo cerca de sus tres hijos en todos los sentidos y los tres muestran amor, orgullo y agradecimiento hacia su padre.

Williams resultó ser además de un buen compañero, un excelente amigo para muchos en el medio artístico y fuera de él. Billy Crystal fue una de las personas más cercanas; cuando recuerdo el episodio de *Friends* donde participaron los dos actores, no puedo evitar sonreír, fue algo genial. Crystal compartió con él, además de trabajo, amistad y el interés por las personas sin hogar de Nueva York. Juntos crearon proyectos de comedias para recaudar fondos de ayuda. Whoopy Goldberg también se sumó e hicieron todo lo posible por involucrar a otros compañeros del medio artístico. Muchos dijeron que sí. Robin no perdía oportunidad para referirse cariñosamente a su amigo Billy, y este comentó con mucha tristeza la última llamada que recibió de Williams. Recuerda que estaba cerca de embarcarse a un viaje por Europa con su esposa, que Williams le dijo que no estaba bien, que se sentía desmoronar lentamente, que era como si no fuese ya él mismo. Crystal le prometió reunirse con él en cuanto volviera del viaje, pero ya no pudo.

Christopher Reeve fue otro personaje cercano al actor, tan cercano que es el padrino de su hijo Zachary. Debido al lamentable accidente en caballo de Reeve, Williams invirtió bastante dinero para la investigación de las lesiones de la médula espinal y estuvo cerca de su amigo hasta su muerte acaecida en 1995.

Muchos recordamos la visita a la fundación Gorila y sus arrumacos con la dulce Koko. Amaba entrañablemente a los animales y se ocupaba de ayudar a varias organizaciones que compartían su amor.

Nuestro amigo viajaba frecuentemente con la USO entreteniendo a las tropas norteamericanas. Eso nos recuerda su papel no tan alejado de la realidad en *Buenos días Vietnam* (una de las primeras películas suyas que vi hace ya miles de años), donde interpretaba a un carismático locutor de radio en medio de la difícil guerra, pero su interés por estas extraordinarias personas que luchan por la causa de su país arriesgando la vida propia, ciertamente traspasó la pantalla cinematográfica.

Incluso con sus dos medio-hermanos se llevaba de maravilla, y a pesar de no haberse criado juntos no quiso perderse la oportunidad de conocerlos y compartir con ellos un poco de su vida. Al escucharlos hablar ahora, solo tienen cosas buenas que decir de Williams, ambos coinciden en que se trataba de un ser especial.

Zachary se asombraba del hecho de que su padre no entendiera lo trascendental que estaba siendo su vida: *"él era genial, pero no se lo creía".*

Susan Schneider fue su última esposa, la conoció en 2007. Desde el principio ella supo que él tomaba antidepresivos. A medida que continuaban conociéndose, Robin tomó la decisión de dejarlos y ella lo apoyó. Los había tomado por poco más de seis años durante los cuales ya no se habían presentado signos de depresión. En nuestro apartado sobre Criss Cornel hablamos un poco sobre los efectos de la abstinencia de antidepresivos y ansiolíticos: terribles.

De todas maneras, unos dos años antes de dejarlos, ya estaba experimentando ansiedad, alucinaciones y restricción en sus movimientos. En 2013 comenzó con dolores intensos en el estómago, estaba muy estresado y no dormía. A principios de 2014 se dieron cuenta de otro síntoma: el movimiento involuntario de su mano izquierda, acompañado de ansiedad y miedo. Se recostaba por largo rato y decía a su esposa que algo terrible le estaba pasando y que temía mucho no entender qué cosa era exactamente. Los doctores diagnosticasen mal de Parkinson y con ello un sinfín de medicamentos.

Durante su estadía en Vancouver, donde filmaba *Una Noche en el Museo 3* (su último trabajo cinematográfico), cuenta su esposa que estuvo bastante fuera de control, incluso una noche notó que una mujer lo miraba insistentemente en el lobby de su hotel, subió a su cuarto muy ansioso y decidió que no quería salir de su habitación más. *"Yo ya no podía calmarlo"* comentó Susan.

En julio y de la nada, Robin apareció frente a su esposa sangrando y con un fuerte golpe en la cabeza. Ella se asustó muchísimo, sobre todo porque él no podía explicar nada, no podía explicar por qué se hacía esas cosas a sí mismo. Susan sentía que su esposo se desintegraba ante sus ojos. Él estaba molesto, muy molesto consigo mismo por lo que su cuerpo y su mente le estaban haciendo. Sabía que estaba perdiendo la razón y que no podía hacer nada al respecto. Los médicos aconsejaron su ingreso en una clínica de salud mental, pero la posibilidad de ya no poder salir, lo horrorizó.

Lo que nadie sabía (incluyendo el propio Williams) era su verdadero padecimiento: Demencia con Cuerpos de Lewy. Y no se supo sino hasta después de la autopsia. Se trata de un padecimiento nombrado así por el Dr. Friedrich H. Lewy en 1912, quién describió por primera vez estas estructuras anormales que se observan en las neuronas del cerebro afectado, las cuales pueden encontrarse en diversos trastornos como el Alzheimer. Estas estructuras o Cuerpos de Lewy se distribuyen en la corteza cerebral y en la zona profunda del cerebro medio.

Desde luego que los síntomas no se hacen esperar y algunos son muy parecidos a los del Parkinson como el temblor en las manos, rigidez muscular y problemas para moverse, todo acompañado del deterioro de las capacidades cognitivas como la memoria, los procesos del pensamiento y la conducta. Afecta las capacidades físicas y las personas con esta condición experimentan alucinaciones visuales muy vívidas. Nada fácil de sobrellevar.

Robin McLaurin Williams:

Los Buenos Tiempos *son precisamente los que preferimos recordar. Cuando transformado en **La Señora Doubfire** no solamente nos hiciste reír sino también llorar, aprendimos cosas importantes como la alegría y la perseverancia y lo que juntas pueden lograr. ¿Cómo olvidar al pequeño-gigante **Jack**, su inocencia e infinita ternura? Realmente vivimos grandes **Despertares** al recorrer contigo el camino del entusiasta estudiante **Patch Adams** y como siempre nos pusiste a pensar, a pensar en* *la fragilidad de la vida y los logros de la valentía. Nos hiciste correr, saltar y gritar mientras sorteábamos contigo los fascinantes retos de **Jumanji** tratando de ayudar al perdido y a la vez audaz Alan Parish a recuperar su lugar. Nuestra estancia en la **Jaula de las Locas** fue de verdad una locura total, no paramos de reír y de imaginar lo que había de continuar, nos asustamos, indignamos y volvimos a respirar, sí que tuvimos lecciones que aprender y prejuicios que desbaratar. Al igual que muchos adultos **Peter Pan** su infancia había olvidado y se negaba a recuperar, así que tuvimos que viajar hasta **El país de Nunca Jamás** y al **Capitán Garfio** enfrentar, quien sin querer fue nuestro mejor aliado para nuestro objetivo alcanzar. Para los que te seguimos fuiste mucho más que **El Hombre del Año,** fuiste y serás la razón de nuestras reflexiones, nuestras más tiernas emociones; risas llantos y desencantos, tanto para grandes como para pequeños que te seguimos viendo y sintiendo aún **Mas allá de los Sueños.***

Un acontecimiento desconcertante

Este es uno de esos casos que a uno lo dejan perturbado, al menos hablo por mí y bueno, por sus cientos y cientos de *fans* alrededor del mundo.

Se trata de un hombre por demás talentoso, con mucha suerte, corazón de filántropo, gran inteligencia e ingenio, el entorno correcto para poder desarrollar su potencial artístico, una voz envidiable y un físico…uf, tremendamente atractivo. O sea, uno de esos especímenes que no se encuentran en cada esquina. ¿Por qué demonios una persona así se quitaría la vida?

Eso es exactamente lo que vamos a tratar de entender, por lo menos tratemos.

Christopher John Boyle nació en Seattle, un 20 de julio de 1964. Las cosas que vio y aprendió en la escuela religiosa en la que cursó sus primeros años de estudio le convencieron a no querer saber nada de cualquier doctrina que tratara "ideas distorsionadas y fanáticas", según sus propias palabras.

Su madre tuvo un lindo gesto con Criss cuando era aún muy pequeño y que él aseguraba le había "salvado la vida": Le regaló una tarola, su primer instrumento musical. Comenzó sus clases de piano a los siete añitos y al llegar a la adolescencia no solamente cantaba magníficamente, con una voz potente que le permitía alcanzar tonos muy altos —la cual por cierto Axel Rose calificó como "la mejor voz en el rock"—, también tocaba la guitarra.

Sus padres se divorciaron y esto dio inicio en un jovencísimo Criss (14 años) a la primera de sus muchas otras depresiones.

Tuvo desde entonces acceso al alcohol, drogas y medicamentos de prescripción. Podría decirse que esta fue una de sus muchas maneras de sobrellevar este acontecimiento que también lo alejó del piano, lo acercó a la batería y le hizo decidir a no volver a usar el apellido paterno. Estuvo mucho tiempo en el que salía muy poco, algunas personas cercanas a él aseguran que Criss tuvo un episodio de aislamiento muy fuerte en el que no salió de su casa por más de un año. Asimismo, dejó la escuela y comenzó a trabajar como lava trastes, después vendía pescado, y así buscaba mantenerse a sí mismo ya que también abandonó su casa.

Cuando encontró a las personas adecuadas, esas que compartían su amor por la música, formó su primera banda en la que él componía las canciones, cantaba y tocaba la batería.

En sus entrevistas hablaba de cómo él y su grupo hicieron las cosas al revés; mientras que todos los aspirantes a destacarse en el mundo de la música se instalaban en las grandes ciudades buscando oportunidades, ellos se quedaron ahí, en Seattle, donde nunca había surgido nada parecido a una banda musical. Sin embargo, y en contra de todos los pronósticos, tuvieron éxito y uno de sus primeros álbumes (*Ultramega Ok*) con su ahora banda *Soundgarden* estuvo nominado a un Grammy. Corrían los tiempos cuando no cualquiera era nominado para uno de esos premios.

Criss había encontrado en el *rock* una manera de llenar sus vacíos emocionales. Aceptaba que sus letras no eran ordinarias y que podrían calificarse de oscuras.

Cuando se refería a su banda, comentaba que no era una típica banda de rock ya que en sus habitaciones de hotel no se encontraría desorden, ni droga o cantidades excesivas de alcohol. Recordaba que todo el tiempo hacían una especie de Mesa Redonda donde conversaban sobre sus intereses en común como la filosofía, cine y literatura. *"Mis compañeros eran jóvenes universitarios muy pensantes y todos hemos tenido desde siempre el hábito de la lectura"*, mencionaba.

A medida que pasaba el tiempo y aumentaba su éxito, su vida personal caía en una especie de abismo. Su primer matrimonio en el cual tuvo una hija terminó en separación, igualmente se separó de sus compañeros de *Soundgarden*, tiempo después regresarían y separarían de nuevo. Comenzó su nueva banda: *Audioslave*, con la que también tuvo muchísimo éxito, su canción *Like a Stone* ha estado conmigo en mis dispositivos de música desde siempre. Hace algunos años anunció que dejaría también esa banda y siguió trabajando como solista.

La ansiedad fue su eterna compañera, y para liberarse de ella tomaba ansiolíticos.

Al momento de su muerte llevaba más de 10 años sobrio, en su cuenta de Instagram el cantante de 52 años posteaba frecuentemente imágenes suyas con su actual esposa, Vicky, y sus hijos. Todo parecía ir bien, muy difícilmente podemos saber con exactitud lo que ocurre en la mente de las personas. Algunas cosas que dijo durante su último concierto en Detroit hacen pensar que quizás ya estaba planeando su propia muerte, pero su esposa niega esto porque asegura que en la penúltima llamada que él le hizo después de este evento, hablaron sobre las próximas vacaciones que la familia tomaría. Sin embargo, en la última llamada que recibió de su esposo este casi no podía hablar, le dijo que se sentía muy mal, tanto que había tomado dos pastillas de más para la ansiedad. Al terminar la llamada ella se quedó muy preocupada y llamó a alguien para pedirle que se asegurara que Criss estaba bien. Esta persona lo encontró muerto en el baño de su habitación de hotel, después de haberse colgado.

Tomando en cuenta que todo estaba en orden en la vida familiar de Criss, en sus finanzas, en su trabajo; tomando en cuenta que los médicos descartaran que los efectos de las pastillas que tomó de más pudieran inducirle ideas suicidas y tomando en cuenta su turbulento mundo psíquico, solo quedaría imaginar que Criss Cornell nunca se repuso de su profunda tristeza, que logró apaciguarla con medicamentos, música, aplausos, familia, pero la arrastraba con él donde quiera que fuera y que fue esta quien lo orilló a dejar este mundo esa nefasta noche de mayo del 2017.

El *Aleluya* resonó en su funeral en la voz de **Chester Bennington**, prominente vocalista de la banda de rock *Linkin Park*, quien fuera un buen amigo además de admirador de Criss y bueno, por esos extraños azares del destino, dos meses más tarde y precisamente en la fecha de cumpleaños de su amigo, luego de batallar con la depresión durante toda su vida debido a traumáticos sucesos en su infancia, Chester decidió también terminar con su existencia mientras se encontraba en su casa de California.

La vida a colores

Aún no tengo muy claro cuál es la parte de la historia de este excepcional pintor que me parte más el corazón.

No sé si es el hecho de que no haya tenido una buena relación con su padre —quien era un pastor en una iglesia protestante y mandó a su hijo a vivir fuera de casa desde que tenía 11 años—, o el hecho de que **Vincent Van Gogh** tuviera toda su vida el deseo de tener un hogar donde él pudiera sentirse como alguien importante, un nido —decía—, un lugar donde sentirse acogido, seguro, y que no pudiera conseguirlo, nunca.

Tuvo un sinfín de decepciones amorosas, la primera con la hija de su casera cuando vivía en Londres, donde colaboraba en una sucursal de las galerías de su tío.

Úrsula lo rechazaría por primera vez, cosa que lo sumió en una tremenda depresión. Después sufriría una o dos decepciones más hasta que decidió hacerse cargo de una mujer conocida como Sien. Era prostituta de profesión, la habían abandonado embarazada y tenía un hijo de cinco años. Al pintor le daba pena la situación de Sien a quien por cierto pintó en varias ocasiones, pero la precaria situación económica de Vincent no fue de mucha ayuda para Sien así que decidió abandonarlo. Una desilusión más. Al regresar a su pueblo se enamoró nuevamente y decidió casarse pero sus padres no lo aprobaron, fue un momento muy turbulento para la pareja que al final no logró su objetivo y se separó. Para ese entonces Vincent ya había comenzado a dar clases a pintores principiantes. En 1881 tuvo una mala experiencia con su prima Kee Vos-Striker, el pintor se sintió fuertemente atraído hacia ella y decidió enamorarla, pero esta no le dio ni una oportunidad de hacerlo, dejándole claro que no estaba interesada y lo hizo de una manera violenta y sin mucho tacto. Estas situaciones mermaban la autoestima de Van Gogh, quien no logró sentirse amado por mujer alguna.

Su primera aspiración profesional fue, y desde muy chico, ser ministro de Dios. Se consideraba un hombre espiritual y además tenía mucha disciplina cuando se trataba de aprender sobre religión. Era asiduo lector, pero ningún libro tuvo tanta importancia para él como lo tuvo la Biblia la cual estudiaba diligentemente a diario y por varias horas, llegando a aprenderse capítulos y versículos de memoria e incluso escribía uno que otro ensayo. Estudió para ser pastor, viajó a Bruselas y estuvo seis meses trabajando como ministro, pero no le renovaron el contrato porque encontraron que sus ideas no iban de acuerdo con las doctrinas que se enseñaban y es que Vincent lo mismo asistía a una iglesia católica que a una evangélica o a una episcopal y a veces ¡en un solo domingo! Alegaba que para él más importante que una doctrina lo era el espíritu del evangelio, y aseguraba encontrarlo en todas las iglesias.

Le molestó mucho que no lo tomaran en cuenta y eso le hizo perder su fe en la religión, mas no así en Dios.

Sobre su personalidad, quienes lo conocieron de siempre aseguran que fue un niño bien portado, dócil y cordial, un muchacho bondadoso con conductas excéntricas. Los que lo conocieron de adulto lo describieron como apasionado, obsesivo, constantemente preocupado y cavilando la mayor parte del tiempo. Esto se iría convirtiendo poco a poco en una constante enajenación.

Cada vez que entraba en una discusión sobre arte o religión, se transformaba. Necesitaba dejar bien claras sus ideas y no aceptaba muy bien las que no estuvieran de acuerdo con las suyas; era muy enérgico y era difícil llevarle la contraria.

Debido a su carácter temperamental le fue difícil estar mucho tiempo trabajando en un mismo lugar y sufrió despidos constantes.

Su hermano menor, Theo, fue quien más lo comprendió y la única persona que estuvo cerca de él aun estando lejos. Nunca dejó a su hermano de la mano. Cuando Vincent trabajó en la galería de su tío en La Haya, se familiariza con el arte inglés del siglo XIX y se enamora de las obras de Remembrant. Entendió que no solo en la religión podría encontrar felicidad, y comienza a pintar. Desafortunadamente, y como les pasa a tantos y tantos artistas, su arte no fue valorado en esos momentos y por más que enviaba sus pinturas a personas que podrían ayudarle a promoverlas, no recibía respuesta alguna. Su hermano se encargaba de enviarle una mesada con la cual Vincent cubría sus gastos esenciales. Durante el periodo que estuvo en La Haya realizó cerca de doscientas obras, la mayoría paisajes holandeses. Más adelante sentiría fascinación por los retratos, dejaría a un lado, aunque no del todo, los paisajes y aseguraría: *"Decididamente no soy un paisajista"*. Total, que en lo personal encuentro increíble que Van Gogh no haya recibido cantidad alguna por ninguna de sus obras y que hoy en día sean estas mismas las más caras que se pueden encontrar, las más caras y valoradas en el mundo. Desde luego es fácil imaginar las ideas negativas que surgían en su mente, pensaba que tal vez no era bueno pintando, y a medida que pasaba el tiempo se fue convenciendo de ello y le fue importando menos. Por ejemplo, sobre su obra maestra Los Comedores de Patatas escribió a Theo diciendo: *"He intentado destacar que esas personas, que están comiendo patatas a la luz de una lámpara, han cavado la tierra con esas mismas manos que colocan en el plato, y esto habla de su trabajo manual, y cómo ganan el pan en forma honesta. Quería imitar una forma de vida bastante diferente a la de nosotros, las personas civilizadas. Por lo tanto, no estoy para nada ansioso porque alguien le guste o la admire de inmediato".*

Fue más o menos por esos tiempos, cuando el pintor contaba con 32 años, que murió su padre. Hacía un año que Vicent se había mudado de nuevo a la casa de sus padres y había instalado su estudio en la lavandería de su madre.

Con poco más de 35 años por allá de 1886, se muda a su amada París. La Ciudad Luz tiene algo, claro que sí, algo que no solamente nos ha deslumbrado a nosotros simples mortales, sino también a tanto y tanto genio a lo largo de la historia. Fue Theo quien le dio acogida en su residencia parisina y fue ahí donde la paleta de Van Gogh se volvió mucho más brillante. A su vez su hermano se convertía en algo así como su agente, ayudándole no solamente a él sino a otros pintores a promover sus obras. Por ejemplo, Theodurus Van Gogh fue muy importante en la carrera de Claude Monet, con quien también sostenía una estrecha relación de amistad.

Vincent decidió regalarle a su hermano una pintura cada vez que este ponía dinero en su mano, así no se sentía como un abusivo.

Llegó el momento en que nuestro protagonista se muda a Arles y entran en escena tantas cosas maravillosas que nuestros ojos han podido contemplar y nuestros sentidos disfrutar.

Al principio se hospedó en una posada y comenzó a trabajar mucho. Su paleta estaba repleta con colores planos y luminosos. *"Cargaba el color como con una pala"*, decían quienes lo observaban.

Salía a los campos por las mañanas y por las noches se la pasaba en un café escribiendo cartas y leyendo novelas. Desde este café, que se convirtió en su refugio, pintó su terraza en la hoy tan famosa obra *Place du Forum*.

En esos días le comentaba a su hermano que no estaba de acuerdo con la vida solitaria de los pintores. Reflexionaba sobre la ironía de que la sociedad y los gobiernos amaran tanto el arte y estuvieran preocupados por construir grandes museos, mientras los artistas se morían de hambre.

Bien, por aquellos tiempos se mudó a la (ahora famosa) casa amarilla de la cual pintó su habitación (esta obra la podemos encontrar en el Instituto de Arte de Chicago) y estaba muy emocionado por la llegada de una persona muy importante para él: el pintor Paul Gauguin.

Lo había conocido hacía algún tiempo en casa de su hermano en París y este le había prometido visitarlo para enseñarle algunas técnicas de pintura. Mientras lo esperaba se dedicó a decorar la habitación de huéspedes y fue para ese cometido que pintó los cuadros de girasoles, los dos, y los colocó en las paredes de la habitación. Ambos personajes escribieron a Theo, quien también representaba a Gauguin, diciéndole lo contentos que estaban trabajando y compartiendo juntos asuntos domésticos como preparar la comida.

No tuvo que pasar mucho tiempo para que ambos cambiaran de opinión.

Gauguin definitivamente se instaló en el papel de maestro y esperaba que Vicent concordara e hiciera lo que él le sugiriera, pero esto no fue realmente lo que sucedió. Comenzaron a discutir y mucho, no se ponían de acuerdo, y todas las quejas, de ambos, las recibía Theo por cartas. Gauguin pensaba que Van Gogh era muy indeciso, desorganizado, que usaba demasiado color y que su obra era monótona. Quiso sacarlo de la "oscuridad" donde lo creía sumido. No coincidían en nada y menos en pintura. Mientras estuvieron juntos Vincent trabajó menos que nunca y andaba muy desanimado, eran completamente incompatibles, pero lo que más le dolía a Vincent era que Gauguin lo despreciara, que viera de menos su obra. Gauguin es hoy en día uno de los pintores franceses más reconocidos y digo hoy en día porque al igual Van Gogh y muchos otros artistas, no fue valorado sino hasta después de muerto. Su obra ha tenido mucha influencia en el mundo del arte y en pintores como Pablo Picasso, pero creo que estaremos de acuerdo todos en que con nuestro Vicent se equivocó, y toda esa obra que él consideraba monótona hoy en día son las grandes obras maestras del artista holandés que tienen un valor monetario que va desde los 82.5 millones de dólares en adelante.

Una discusión entre la pareja de artistas tuvo dos peculiaridades: una de ser el acabose y marcara el final de su trato, y otra que involucra uno de los episodios más remarcables en la vida de Van Gogh; se encontró este tan profundamente perturbado por todo lo que había peleado y las cosas que se habían dicho ese día, sintió tal enojo y frustración que un momento de pérdida de la lucidez, se cortó una pequeña parte del lóbulo de la oreja derecha, lo envolvió en un pliego de papel y se lo dio a la primer persona que pasaba por el lugar, quien al parecer era una conocida prostituta. Naturalmente Vincent fue a parar al hospital y Gauguin aprovechó para salir de la casa del pintor y volver a París.

Nuestro amigo no tuvo más remedio que aceptar que necesitaba ayuda. Eso debía ser verdad. A muchas personas cuando les da un ataque de ira, especialmente cuando discuten acaloradamente con alguien, generalmente con sus parejas, optan por pegarle a la pared (que no es lo más recomendable que digamos) o salir a dar una vuelta mientras se calman. Cortarse una parte del cuerpo es una medida extrema digna de tomarse en consideración. Y así lo hizo el pintor. Él mismo decidió internarse en un hospital psiquiátrico, necesitaba claridad de mente y encontrar la manera de encauzar sus emociones. Podría decirse que en ese lugar encontró un poco de lo que siempre andaba buscando; un refugio, "su nido". Además de que mientras estuvo internado sintió que desaparecía ese "miedo indescriptible" que lo había acompañado en los últimos años de su vida.

Pedía a los médicos que lo dejaran tomar aire fresco y trabajar, sentía que eso era lo que más necesitaba y bueno, de todas maneras, en ese lugar el tratamiento a los enfermos consistía en bañarlos por la mañana y luego dejarlos tranquilos. Vincent no fue la excepción, solo que a diferencia de los demás él no se permitió caer en el letargo. Pintó, pintó y pintó (con lienzos y colores que le mandaba su hermano) y muchísimos de nosotros agradecemos que así haya sido porque, por ejemplo, fue en ese lugar que creó la que personalmente considero su más bella obra, *La Noche Estrellada*, de la cual poseo una pequeña réplica desde hace mucho tiempo y que me hace pensar cada vez que me detengo a observarla, en lo maravilloso del ingenio humano, al mismo tiempo que me da una sensación de bienestar inexplicable.

Estuvo aproximadamente un año interno durante el cual experimentó crisis depresivas al mismo tiempo que una gran inspiración artística, como ya comentábamos antes. Cabe mencionar su obsesión por los cipreses en aquella época, pintó muchos y aseguraba: *"Nadie ha pintado los cipreses como yo los veo".*

Ya en sus últimos días Van Gogh fue tratado por el especialista en enfermedades nerviosas y cardiacas de apellido Gachet (a quien también hizo un retrato que podemos encontrar en el Museo d´ Orsay en París) pero en apariencia este médico no fue de mucha ayuda para el pintor ya que se interesaba en él más que como paciente, como artista. Incluso el Dr. Gachet llegó a tener una interesante colección de pinturas con obras de Ce´zanne, Pisarro y del mismo Van Gogh que fueron donadas al mismo museo donde se encuentra su retrato. Sobre el galeno escribía a su hermano Theo:

"No deberíamos depender para nada del doctor Gachet, en primer lugar, está más enfermo que yo, cuando un ciego guía a otro ciego, ¿no caen ambos en la zanja?"

Este pecoso, pelirrojo y maravilloso artista nacido en el sur de Holanda, en un pueblo que hace frontera con Bélgica, pueblo que pintaría siempre en sus lienzos y el cual comentaba siempre extrañar, conocía los lugares donde nacían las flores más raras, amaba pintar Holanda. Dominaba tres len-

guas además de su idioma natal: inglés, alemán
y escribía sus cartas en francés. El destinatario
de la mayoría de ellas era su hermano Theo, ¡con
quien llegó a intercambiar poco más de seiscientas
cartas!, las cuales este guardaba religiosamente.
Tenían una linda relación de hermanos, como las
que se supone todos deberíamos tener. Por eso se
angustió mucho cuando supo del compromiso de
Theo con su novia Johana. Ya alguna vez los había sorprendido discutiendo por causa de él y eso
no le gustaba. Sabía que su relación de hermanos
cambiaría, que tal vez ya no se escribirían como
acostumbraban y que no podría visitarlo cuando él
sintiera necesidad de hacerlo. Y no solo eso, también la ayuda que recibía se vería alterada al estar
este casado, y el asunto era que Theo no solo lo
ayudaba a él financieramente, sino también a su
madre y a su hermana.

*"Si tuviera que creer que fuera una molestia para ti
o para los demás en la casa, o que te estorbara o que
no soy bueno para nadie, y si me viera obligado a sen-
tirme como un intruso, entonces estaría mejor bien muerto"*. Escribiría a Theo en sus últimos días, antes de
dispararse en el pecho, regresar en su búsqueda y
morir tres días después en sus brazos, ese 29 de
julio de 1890.

Uno podría pensar que Theo hubiera obtenido algún beneficio por las obras de su hermano en el futuro, pero la verdad es que Theo no tuvo gran futuro. Murió con solo seis meses de diferencia de Vincent. Al parecer el trabajar sin descanso, el suicidio de su hermano y una mala salud terminaron provocándole una tremenda fatiga física y emocional que derivó en una terrible anemia que lo aniquiló muy rápido. Ambos descansan en el mismo sitio. A Theo le sobrevivió su único hijo, Vincent Willem.

Los caballeros las prefieren rubias

Norma Jean estuvo condenada desde el principio.

El primer matrimonio de su abuela Della se dio por terminado desde mucho antes que su esposo ingresara a un centro psiquiátrico para no volver a salir. Su segundo matrimonio no resultó mejor; su esposo aprovechó su traslado laboral desde California a la India para no regresar y cada vez que ella hablaba de seguirlo él, se negaba y cuando le pedía dinero para viajar, su esposo seguía negándose. Al parecer el carácter cambiante e irritante y la histeria de Della no ayudaron mucho. Su hija Gladys tuvo dos niños con su primer marido, pero la relación no funcionó entre otras cosas por las crisis histéricas de Gladys, quien desde muy joven comenzó a dar signos de inestabilidad mental. Su esposo se marchó de casa llevándose a sus dos hijos y aunque ella sabía dónde estaban, no intentó buscarlos. Su segundo marido se marchó por similares razones.

Gladys trabajaba para un estudio de laboratorio cinematográfico y ahí conoció a Stanley Gifford, un casanova sin remedio. Cuando ya había arrasado con todas las chicas del lugar se acercó a Gladys, quién no pudo resistirse a sus encantos y es que se dice que era un hombre muy atractivo y además siempre está aquella esperanza de que con uno las cosas serán distintas. Gladys quedó embarazada y del chico nunca se volvió a saber nada. Cuando viajó a buscar a su madre para pedirle ayuda, esta le explicó que estaba por emprender un viaje a la India para buscar a su esposo (había encontrado la manera de costearse el viaje) pero le contó sobre una pareja de vecinos que tal vez aceptarían cuidarle a su hijo cuando naciera. Gladys habló con ellos y aceptaron, y así fue como Norma Jean fue a parar al primero de los muchos que serían sus hogares provisionales mientras crecía. Gladys visitaba de vez en cuando a su pequeña hija, pero pasaba ausente temporadas muy largas. La principal razón era su ingreso voluntario en un sanatorio psiquiátrico. Cada vez que tenía una crisis histérica recurría al centro y tenía que permanecer por largas temporadas hasta que lograran calmarle los nervios y la ansiedad.

La mujer que criaba a Norma Jean se aseguró de contarle que ella no era su madre, que la quería mucho pero que su mamá era "la señora bonita de cabellos rojizos que llegaba a visitarla". Cuando contaba apenas cuatro añitos de edad, Norma Jean estaba muy ansiosa esperando el regreso de su madre y cuando esta por fin pudo llegar a verla se apresuró a pedirle a la niña que no la llamara mamá, que la llamara Gladys a secas. Entonces la niña creció con una gran confusión, la mujer que había considerado su madre desde siempre, no lo era y la que se suponía que sí era, se negaba a que la llamara mamá.

Por otra parte, estaba su incansable deseo de saber sobre su padre. ¿Quién era? ¿Dónde estaba?

Nadie podía contestar a su pregunta, así que ella decidió que aquella fotografía encontrada en algún lugar donde aparecía el imponente Clarke Gable, ocuparía el lugar vacío de la fotografía de su padre. Siempre imaginó que su papá debía parecerse al actor de *Lo que el viento se llevó*, y así lo guardó todo el tiempo en su imparable imaginación.

De todas maneras y a pesar de todo, la niña deseaba vivir con su madre y así se lo decía cuando la veía; esta le prometía que algún día sucedería, solo estaba buscando la manera de hacerlo. Hacía algún tiempo que su abuela había regresado derrotada de la India y no le hizo ninguna gracia que su nieta estuviera viviendo aún con unos extraños, así que se la llevó a casa. Todo iba muy bien y Della quería mucho a su nieta, pero a medida que pasaba el tiempo se incrementaban los episodios de locura en la mujer. Una tarde, mientras Norma Jean tomaba una siesta, su abuela le puso la almohada sobre la cara y trató de asfixiarla, al parecer había perdido la razón en un instante y así mismo, instantáneamente, la recuperó. Se asustó tanto tratando de recuperar a la niña que decidió llevarla nuevamente donde sus vecinos e internarse voluntariamente en un hospital psiquiátrico. Entró, pero ya no salió. Norma Jean era aún muy pequeña, así que no recordaba aquel triste episodio con su abuela.

Gladys cumplió su promesa y logró alquilar una sencilla casita sin pintar donde vivirían ella, su pequeña hija de seis años y un matrimonio británico al que les rentaría una habitación. La niña estaba muy emocionada de poder al fin vivir con su mamá y siempre comentaba recordar aquella época con mucha nostalgia. Su madre se esmeró en arreglar el lugar y le compró un piano blanco de segunda mano a su hija. Gladys no lo pudo evitar y seguía teniendo episodios de cambios muy bruscos de humor. Cuando se enojaba lo hacía de una manera desmedida y exagerada y cuando estaba alegre, lo estaba sin razones aparentes y sus risas llegaban a asustar al matrimonio inglés y a Norma Jean. En una breve fase de estabilidad decidió que pintaría la casa, pero apenas había terminado cuando sucedió lo inevitable: una mañana, mientras la niña desayunaba en la cocina con la pareja de inquilinos, escucharon que alguien rodaba por las escaleras. Era Gladys, quien completamente irreconocible se levantó diciendo incoherencias mientras lloraba y reía al mismo tiempo. Llamaron a la ambulancia, Gladys terminó también en un hospital de salud mental y a su hija se la llevaron a un centro de menores sin padres. Si hay algo que Norma Jean llegó a detestar fue aquel uniforme azul que tuvo que usar por tanto tiempo. Lo llevaba grabado en la mente, así como los zapatos de suela pesada que le hicieron usar. Decía que ese uniforme siempre la hizo sentir como una miserable, que cada vez que se lo ponía le recordaba que ella era una niña sin hogar, una niña que no tenía a nadie.

Lograron ponerla bajo el cuidado de algunas familias a lo largo de los años, pero nunca dio resultado, a veces la niña se sentía tan infeliz que ella misma pedía que la regresaran al orfelinato. Finalmente, cuando estaba a punto de entrar a la adolescencia se quedó a vivir con una pareja que tenía una hija con la que Norma Jean se llevaba bien. La hija del matrimonio jugaba con ella y le prestaba sus cosas, sobre todo alguna ropa ya que la muchacha no tenía más que una muda.

Fue en ese entonces cuando Norma Jean se dio cuenta del impacto que tenía sobre el sexo opuesto. Notaba que cuando se ponía las faldas o las blusas entalladas de su amiguita, recibía unas miradas y una atención por parte de los chicos que la dueña de los atuendos estaba muy lejos de conseguir. No lo entendía muy bien y varias veces declaró que nunca se sintió bonita y que cuando era una adolescente tenía la misma sensualidad de un fósil. Pero evidentemente los muchachos no pensaban igual, y es que Norma Jean tenía un cuerpo de una joven de 17 años cuando aún tenía 12. Al desarrollar lo hicieron también sus caderas, sus torneadas piernas parecían deliberadamente esculpidas y su pecho pues, llegó a ser el más soñado de su tiempo. Norma Jean no solo se dio cuenta de su encanto, también se dio cuenta de que le encantaba encantar.

Pero para llegar a ser el máximo símbolo sexual de todos los tiempos faltaba mucho, y el mundo tuvo que esperar un poco más.

La familia que la alojaba pensó que era una buena idea que Norma Jean se casara y así se le "resolvería la vida" y de paso se resolvería también la de ellos. Jim era hijo de una pareja de amigos, era muy cercano a Norma Jean. Se llevaban muy bien e iban juntos para todos lados, pero eso no evitó que se sorprendieran cuando a cada uno por su lado, se le propusiera la extraña idea. Los dos aceptaron, no tenemos claro por qué lo hizo Jim, pero ella declaró alguna vez que vio en ello su oportunidad de salir de aquella casa donde nunca se sintió en familia, donde era la encargada de lavar los platos de todos y la última en bañarse los sábados por la noche. La ceremonia se realizó en casa de un amigo de la familia. El novio tenía 17 años y la novia 16.

El matrimonio le sirvió a Norma Jean para dos cosas: enterarse de lo buen hombre que era Jim, y de que no estaba interesada para nada en el sexo. Y no es que hubiera algún problema en ese territorio, ella simplemente no estaba interesada.

La chica estaba muy contenta con su nueva vida. Vivía en una casa acogedora y Jim había procurado una bañera en la recámara principal. Esto la mantenía calmada, sus prolongados baños de tina eran una de las cosas que más disfrutaba la nueva esposa. Norma Jean trató de ser un ama de casa en toda la extensión de la palabra, atendía su hogar y a su esposo con esmero y hasta un perrito tenía.

Sin embargo, y por una razón que desconocía, no lograba llenar ese vacío emocional; en realidad no logró llenarlo nunca, el sentimiento de insatisfacción no la dejaba.

Desde muy jovencita algo que amaba era ir al cine, las películas de Bette Davis le fascinaban y guardaba muy secretamente un ardiente deseo de ser actriz. No se lo contaba a nadie porque tenía miedo de que se fueran a burlar de ella.

El matrimonio marchaba bien durante el primer año, o al menos así parecía. Jim y su esposa salían bastante, pero Norma Jean comenzó a notar que a su esposo no le hacía ninguna gracia que otros hombres voltearan a verla, muchas veces le reclamaba lo ceñido de sus vestidos o el escote de sus blusas, y curiosamente los lugares que más frecuentaban eran la playa y los clubs nocturnos. No había manera de evitarlo: ella era el centro de atención donde quiera que fuesen y eso le gustaba a ella, y mucho. Además, estaba el tema de los hijos que se discutió como acostumbra a hacerse, a destiempo. Jim quería tener un hijo inmediatamente y Norma Jean no los quería ni en ese momento ni más adelante. A ella le horrorizaba el solo pensarlo, le pasaría igual que a su madre —pensaba—, y cuando quedara embarazada su esposo desaparecería y su pobre hijo iría a dar al mismo lugar que ella y seguramente sería una niña ¡y odiaría aquel uniforme! Definitivamente no podía ni iba a permitirlo.

Las discusiones con su esposo la ponían muy triste y comenzó a llorar con frecuencia, pero se daba cuenta de que las peleas no eran tan graves como para que ella entrara en el estado que entraba porque incluso notó que a veces lloraba por nada.

Se encontraba repentinamente en un estado de tristeza permanente. Jim hacía todo lo que podía por calmarla, llevarla a pasear y conversar con ella, pero nada funcionaba. Luego, y para colmo, el muchacho fue asignado para viajar a combatir en la Segunda Guerra Mundial dejando sola a su esposa por espacio de un año aproximadamente.

Durante ese tiempo ocurrieron muchas cosas: Norma Jean se encontró ya muy aburrida en una casa donde muy poco había que hacer y donde ni la compañía de su perrito era ya suficiente. Mantenía amistad con una señora mayor que vivía a cierta distancia de su casa. Cuando se sentía muy aburrida tomaba el autobús y se iba a visitarla. A través de ella conoció a una mujer que trabajaba en campañas publicitarias y que le propuso posar por dinero para uno de sus fotógrafos. A la chica le gustó la idea y comenzó a hacerlo. Con sus fotografías se hacían calendarios y todo tipo de publicidad y tenía mucho éxito, se vendían muy bien. Cuando le tocaba hacer publicidad en vivo y visitar fábricas y lugares donde había muchos hombres, las personas que trabajaban con ella se daban cuenta de lo llamativa que era su modelo. Nada de esto se lo comentaba a su esposo.

Poco a poco fue ganando fama en el mundo de rótulos y carteles publicitarios y estaba más que feliz. Sin embargo, eso no ahuyentaba del todo sus inexplicables episodios de melancolía.

Cuando Jim pudo volver por unos días junto a su esposa después de pedir una corta licencia, se enteró por su familia de sus nuevas actividades y mucho se irritó. Habló con Norma Jean sobre sus expectativas de una esposa en casa llevando una vida tranquila, pero ella no había nacido para eso, ya lo había entendido y así lo expresó. Como no lograron ponerse de acuerdo el divorcio no se hizo esperar, con solo veinte años ya enfrenta Norma Jean su primer divorcio.

Ya como una mujer libre, nuestra protagonista logró hacerse de una agente para que la ayudara a conseguir una audición en el cine. Comenzaba el difícil y tormentoso camino de la búsqueda de una oportunidad. Al mudarse a Hollywood tuvo que ponerse a trabajar en lo que fuera para pagarse clases de actuación, baile y canto, e iba a cuanta audición podía. Así fue como conoció a Darryl Zanuck, productor ejecutivo de los estudios Fox. Comenzaron a darle pequeños e insignificantes papeles donde destacaban más sus piernas que otra cosa ya que casi siempre hacía de una rubia tonta.

La tomaban en cuenta como atractivo visual nada más. Esto le molestaba pero no la desanimaba, y seguía tomando sus clases muy determinada en su meta de actuar a lo grande.

Una tarde, conversando con Zanuck, Norma le dijo que no le gustaba su nombre; él estuvo de acuerdo y en ese mismo momento lo decidieron: se adoptaría el apellido de su abuela materna y el nombre de una corista que el ejecutivo había conocido en Nueva York y así fue, en un instante murió Norma Jean Mortensen y nació *Marilyn Monroe*.

Para ella aquello era estupendo ya que su verdadero nombre le recordaba a aquella desvalida niña de orfanato con su vestido azul marino y negros zapatitos de suela pesada. La aspirante a actriz necesitaba dejar a aquella pobre niña en el olvido y le pareció que borrar su nombre era un buen comienzo.

Marilyn seguía conociendo personas importantes y asistiendo a cenas y eventos donde se encontraba con la crema y nata de Hollywood, pero no se divertía tanto como había pensado, definitivamente ese ambiente no era como el que ella había creado en su mente. No fue en una, sino en varias ocasiones que trataron de humillarla por sus sencillos vestidos o por el hecho de no ser conocida. Recibía indirectas que le daban vergüenza, y las risas burlonas de los presentes la hacían sentir mal. La mayor agresividad venía de parte de las mujeres, quienes veían en ella un peligro, ya que a pesar de lo humilde que podría ser su vestuario, Marilyn era realmente encantadora e irresistible para los hombres.

Incluso se habla de un episodio en el que Zsa Zsa Garbo (abuela de Paris Hilton) pegó el grito al cielo cuando la vio entre los invitados de una fiesta muy elegante, y dijo en voz alta que se marchaba inmediatamente ya que no soportaba compartir el espacio con "cierto tipo de gente", saliendo hecha una furia y jalando a su esposo consigo.

A pesar de tener ya un pie en el mundo del espectáculo, Marilyn sentía que su carrera no avanzaba ya que los papeles que le asignaban no dejaban de ser poca cosa, encapsulada en el papel de sexy y nada más. Total, que pasaron aproximadamente siete años en los que tuvo que seguir preparándose, tocar muchas puertas y tener paciencia. Desde luego que eso tuvo sus resultados y poco a poco el mundo fue sabiendo de los dones histriónicos y la capacidad de la rubia belleza norteamericana. Cuando se dio cuenta ya estaba siendo solicitada para las portadas de importantes revistas. Los diarios, la televisión y la radio hablaban de ella y se fue convirtiendo en la favorita de los *paparazzi*. Desde luego que durante todo ese tiempo tuvo uno que otro amor por ahí, uno más o menos importante para ella, pero muy corto y decepcionante al final. Llegó a enamorarse de un famoso intelectual y sostuvieron un tórrido romance, pero siempre sintió que él se burlaba de su poca cultura. Sentía que si una persona ama a otra de verdad no es capaz de hacerla sentir mal por una cuestión como esa, y así lo declaró algunos años después (sin mencionar su nombre) cuando recordó un episodio muy específico con su enamorado:

"La mayoría de las cosas que me decía eran críticas a mi intelecto y a menudo resaltaba los pocos conocimientos que yo tenía del arte, la literatura y cosas como esas, además aseguraba que era yo muy ignorante acerca de

la vida. Aseguraba que mi mente no estaba aún desa-
rrollada y que, comparada con mis pechos, era realmente
embrionaria. Recuerdo no haber podido defenderme en ese
momento ya que primero tenía que buscar esa palabra en
el diccionario".

Estando en una cena muy importante, esta vez vistiendo a la altura y siendo una de las más reconocidas estrellas a la mesa, mientras todos hablaban de mil y una cosas, ella se dedicó a comentar una que otra insignificancia con su compañero de al lado, a quien por cierto no había visto nunca.

Películas como *Las damas del coro, Amor en conserva, La jungla del asfalto,* pero sobre todo *Los caballeros las prefieren rubias,* la habían catapultado a la fama. De esta última recuerdo que me gustó no solo la historia, la ingenuidad y dulzura del personaje del novio de Marilyn, el vestuario que era bellísimo, sino también las ocurrencias y la audacia de la protagonista y las canciones y coreografías, una de las cuales se quedó para siempre en la mente de los espectadores y que años más tarde Madonna reproduciría en su magnífica *Material Girl.*

El que había sido hasta hacía un año el rey del béisbol con los Yankees de Nueva York, se mostraba un tanto aburrido en aquel lugar así que le sugirió a su amable vecina dar un paseo por los alrededores. El paseo duró un poco más de lo previsto, unas tres horas aproximadamente, que luego se convirtió en una cita próxima y poco después en un noviazgo. Al retirado y famosísimo atleta le quedó muy claro que no sería cosa fácil lidiar con toda la popularidad de su nuevo amor. Estando acostumbrado como estaba a ser Joe DiMaggio, el único e inimitable, no sabía cómo manejar estar al lado de alguien que atraía tanta o quizás más prensa que él mismo en ese momento y así se lo hacía saber a Marilyn, le explicaba que no sabía si podría aguantar tanta publicidad. Y es que los periodistas estaban ansiosos por saber e informar a los *fans* si realmente la pareja estaba saliendo en plan romántico o qué. No pasó mucho tiempo para que decidieran casarse y así confirmar todos los rumores habidos y por haber, pero todavía DiMaggio no había caído muy bien en la cuenta de lo famosa que era su esposa. Estando en su vuelo hacia Japón donde pasarían su luna de miel, un oficial del ejército se les acercó para ofrecer una invitación a visitar a los soldados que estaban en ese momento librando la guerra en Corea, pues pensaba que su presencia ayudaría a levantar los ánimos de los muchachos. Joe contestó que lo hubiera hecho con mucho gusto pero que no tendría mucho tiempo libre ya que estaría celebrando su luna de miel. Entonces el oficial le contestó: *"No me refería a usted, caballero, la invitación es para su esposa"*.

Siendo honestos, tendríamos que aceptar que el nuevo esposo no supo manejar bien las cosas. Para comenzar, le exigió a Marilyn que cambiara su manera de vestir, le explicó que no toleraría escotes ni vestidos o faldas ceñidas al cuerpo, y ella, para evitar entrar en discusiones que consideraba demasiado prematuras, aceptó. Joe era un hombre hermético y bastante celoso. El siguiente paso fue hacer todo lo posible por sacarle de la cabeza a su esposa la idea de seguir con su carrera de actriz ya que él necesitaba que se quedara en la casa y sobre todo no necesitaba todo ese foco de atención puesto en su cónyuge. A eso sí que no estaba dispuesta a ceder nuestra protagonista y fue entonces que comenzaron las discusiones y desacuerdos.

Mientras Marilyn seguía trabajando, una tarde conoció al famoso escritor Arthur Miller en los estudios de grabación. El autor había llegado a dejar un guión y al escucharlo hablar ella quedó impresionada con su léxico, le pareció un hombre inteligente e interesante.

La relación entre DiMaggio y Marilyn no mejoraba y el acabose llegó el día que a ella le tocó grabar aquella icónica escena en el metro de Nueva York. Ese día, como varios anteriormente, su esposo estaba acompañándola y definitivamente fue incapaz de soportar ver a su mujer sobre aquel respiradero mientras un ventilador ayudaba a levantar su blanco vestido dejando ver mucho más de lo que él hubiera querido que viera nadie.

Se fue inmediatamente "echando rayos y centellas", muy poco le importó que las personas presentes (que entre personal del *staff* y curiosos eran muchos) se dieran cuenta de sus arrebatos. Esa noche Marilyn llegó muy tarde a casa, él la esperaba despierto, no se había calmado y comenzaron una discusión larga y acalorada, que terminó con la decisión de ella de terminar con el matrimonio, decisión que él pensó sería la mejor que podrían tomar. Al menos en eso estuvieron de acuerdo.

Poco tiempo después, la estrella comenzó una intensa comunicación con Arthur Miller a través de cartas. Como es fácil imaginar, el autor se sentía atraído hacia la estrella, pero estaba casado y tenía dos hijos a los que amaba entrañablemente. Marilyn siguió trabajando y mientras su carrera seguía en ascenso lo hacía también su inestabilidad emocional, tanto así que comenzó a visitar a una psiquiatra de origen húngaro que alguien le había recomendado como muy eficaz. La terapia consistía en pastillas para calmar la ansiedad y para poder conciliar el sueño. No funcionaron, y la actriz se volvía cada vez más irritable.

Seguía recibiendo clases de actuación.

Miller mientras tanto se encontraba en un verdadero dilema. Por muchas ganas que tenía de estar con Marilyn, hacerla su amante sería muy complicado ya que no podría mantenerse en secreto y no quería abandonar a su familia. La comunicación epistolar seguía, los derrumbes psíquicos de Marilyn también.

Finalmente, esta batalla (como muchas otras) la ganó el corazón, vamos a decirlo así. Y el escritor se mudó con la estrella de cine en medio de un tremendo escándalo. Tuvieron que esperar mucho y pasar por mucho mientras los trámites del divorcio se llevaban a cabo y en cuanto esto sucedió, se casaron. Inmediatamente Miller asumió el papel de padre con Marilyn (por la diferencia de edad hubiera podido ser su padre de todos modos). Se dio cuenta que su esposa era una mujer frágil con necesidad de protección, y él estaba dispuesto a darle todo lo que ella necesitaba. Pero eso no iba a ser tan fácil, ya que ni siquiera la misma actriz estaba segura de qué era eso que ella necesitaba tanto. Al encontrarse en medio de una relación tan demandante como se había vuelto aquella, lo primero que ocurrió fue que el escritor perdió su tranquilidad y de pronto se sintió vacío; el ganador del premio Pulitzer 1949 se encontró de repente falto de ideas y dejó de ser productivo. Llegó al punto de no reconocerse a sí mismo sentado frente a su máquina de escribir, sin nada que escribir. Pero la vida tenía que seguir, ya volvería todo a la normalidad, se decía.

Algo que al nuevo esposo le hubiera encantado era hacer un viaje a solas con su esposa, pero el trabajo de esta no les había permitido tener una luna de miel y eso era bastante frustrante.

De repente Marilyn llegó con la novedad de una oportunidad de viajar a Londres para filmar una película con Laurence Olivier, esposo de Vivien Leigh —la famosa y bella protagonista de *Lo que el viento se llevó*—. Marilyn era admiradora del trabajo de Oliver y él estaba muy emocionado de poder trabajar con la magnífica Monroe. La estadía en la capital inglesa no resultó como todos esperaban, salvo aquel capítulo en el que Marilyn conoció a la reina y entre ambas se chulearon sus respectivos atuendos. Esa fue una velada inolvidable para Marilyn y quién sabe, tal vez también para Su Majestad.

Para comenzar, Miller creyó que tal vez ese viaje sería la oportunidad que él buscaba de estar a solas con su mujer, por lo menos durante el vuelo, ya sabía él que durante la filmación sería imposible pero no, a la pareja le tocó viajar con algunas personas del equipo de Marilyn, así que no tuvieron oportunidad de charlar si quiera. Todo lo que ocurrió durante esos meses de grabación de *El Príncipe y la Corista* quedó muy bien reflejado en la cinta *Mi Semana con Marilyn*, protagonizada por Michelle Williams.

A poco tiempo de su arribo, la actriz comenzó a sufrir episodios depresivos y no lograba dormir. Francamente Londres es una ciudad fascinante pero un tanto lúgubre, y el hecho de que llueva tanto digamos que no ayuda mucho a los ánimos de nadie, aunque claro que no vamos a culpar aquí a Londres de los problemas emocionales de Marilyn Monroe. Como ya habíamos mencionado, la estrella no lograba dormir por las noches y eso la llevaba a llegar tarde a sus llamados a grabar, incluso hubo días en los que no llegó. Olivier no tardó en estallar en cólera cada vez que tenían que retrasar todo el trabajo por causa de la estrella de la película. Además de llegar tarde, a Marilyn se le olvidaban los diálogos muy fácilmente. Sin embargo, todos eran muy amables y pacientes con ella, todos menos Olivier. Con su esposo las cosas no iban mejor, peleaban a menudo, sobre todo cuando ella no podía dormir ya que se ponía insoportable y le gritaba toda clase de maldiciones a su marido cuando este trataba de calmarla. Una noche después de grabar, Marilyn llegó llorando donde su esposo, le contó que se había enterado de que Laurence Olivier no la había contratado para trabajar con él porque pensara que ella valía la pena como actriz, solo la había mandado a traer porque pensaba que era sexy, sexy y nada más. Esto la había dejado en un estado alterado ya que si había algo por lo que ella había luchado era por ganarse el respeto del público y de sus compañeros por sus capacidades de interpretación, y este tipo de situaciones la desilusionaban mucho. Pero más la desilusionaría encontrar algunos días después, un manuscrito de Miller donde hablaba sobre el episodio entre su esposa y Olivier en que él parecía estar de acuerdo en que Marilyn no podía ser otra cosa más que ser sexy. Ella lo confrontó, él trato de explicarle que había entendido mal sus palabras y bueno, las discusiones y el llanto de la actriz eran interminables.

Arthur tuvo que regresar a casa, y el estado de Marilyn empeoró tanto, que tuvieron que mandar a traer a su psiquiatra desde Nueva York para que la atendiera. Total, que, entre las crisis de la protagonista de la cinta, los estallidos de ira de Olivier, atrasos y demás, la película terminó de grabarse y fue un rotundo éxito. La actuación de Marilyn fue magistral en esa cinta y fue por ella que ganó el único premio importante de su carrera, el premio David de Donatello otorgado por los italianos.

A su regreso a Nueva York nuestra protagonista estuvo mal anímicamente y se dio cuenta de que estaba embarazada. A estas alturas ya había cambiado su opinión acerca de ser madre, obviamente su situación era otra y se sentía capaz de poder criar a su hijo, es más, tenía ya deseos de tener uno. Pero la vida tenía otros planes y Marilyn abortó. No es para nada difícil imaginar el caos en que se volvió su vida; cada vez más subía su dosis de Nembutal para conciliar el sueño, inútilmente. Volvió a ser hospitalizada por depresión, Arthur estuvo ahí, junto a ella, incondicionalmente.

Marilyn Monroe experimentó su segundo aborto un año después, contaba con 32 años, por allá de 1958. Para ese entonces la relación con su esposo estaba deteriorada, ella no se sentía contenta y él se sentía abrumado, devorado por la situación.

A todas estas, el escritor tenía ya listo el guión para una nueva película, *El Millonario*, en la cual participaría su mujer, y así como tenía claro a quién quería en el papel femenino estelar, también decidió que el famoso francés Yves Montand fuera su compañero. Admiraba mucho a este actor y había estado muy satisfecho con su interpretación en *Las Brujas de Salem*, que también él había escrito. La admiración era mutua, y el francés estaba encantado de participar en el nuevo proyecto, así que viajó a tierras norteamericanas con Simone Signoret, su también famosa esposa, en cuanto se le indicó. Yves no era conocido únicamente por su talento sino también por su atractivo físico, atractivo que no pasó inadvertido para su compañera coestelar. Cualquiera pudiera decir que ya Miller estaba un poco resignado a lo que a continuación sucedería y que no tenía ya ganas de esforzarse en su matrimonio. Decidió salir de viaje para buscar los parajes adecuados a la película la misma noche que ofrecía una cena de bienvenida a Montand. Salió antes que terminara el evento a sabiendas que su esposa se quedaría a solas con el actor. El escándalo de su tórrido romance fue monumental y las fotografías de

Marilyn compartiendo comidas y cosas por el estilo muy quitada de la pena con Simone fueron razón de habladurías por semanas.

"¿Qué podía yo hacer"? Se marchaba y me dejaba a solas con Marilyn Monroe. ¿Acaso ignoraba que ella me perseguía? Soy un hombre débil y tenía que compartir con ella mucho tiempo. Yo no quería cargar con esa responsabilidad. No funcionaba bien la cabeza de esa mujer. Todos lo sabíamos. ¿Cómo salir de este lío? No podía sacudírmela, porque debía trabajar con ella durante toda la película, y además no quería, porque era una extraordinaria experiencia". Yves Montand declararía.

Misfits es el nombre de la película que escribió Arthur Miller y el gran desafío de grabarla comenzó. Montgomery Clift sería la pareja de Monroe. Clarke Gable tendría una participación estelar también, y Marilyn estaba ante la oportunidad de compartir créditos con el hombre que tenía el rostro que la actriz había atribuido al de su padre. Eso debió ser muy excitante para ella, que la figura del hombre que había tenido en su mente sustituyendo a la desconocida figura paterna estuviera ahora cerca, aunque fuera solamente unos meses, aunque fuera solo en su mente, seguramente era algo grandioso. Y es que Marilyn, como cualquier otra niña, extrañó siempre la presencia de ese hombre quien se supone tiene el papel de amar y proteger a su hija y probablemente por eso buscó a su padre, eso sí, lo hizo tan solo una vez. Había ocurrido apenas unos años atrás, cuando le pidió a una amiga que la acompañara a la granja de Mr. Gifford. Había leído que se había mudado de la ciudad y que le había ido muy bien en la compra y producción de alguna tierra y eso le daba mucho gusto, pero aun así tenía miedo de su reacción al verla, así que decidió detenerse en el camino, tomó un teléfono y le llamó. Una mujer contestó la llamada y Marilyn, presentándose como Norma Jean, le pidió hablar con su padre. Luego de aguardar la respuesta, la mujer al volver le dijo: *"El señor Gifford asegura no saber quién es usted y me dice que, si requiere algo de él, puede comunicarse con sus abogados. ¿Quiere el número?"* La chica colgó el auricular y entró en un estado de desconsuelo inimaginable, emprendiendo el camino de retorno a casa.

A pesar de estar distanciados, Arthur y Marilyn tendrían que seguir trabajando juntos en el proyecto, él seguía cuidando de ella y procurando evitar una sobredosis de medicamento para dormir. La prescripción indicaba únicamente dos pastillas para poder conciliar el sueño y la estrella tomaba cuatro, una dosis peligrosa para cualquier persona.

Sin embargo a ella no le servía, su frustración por ello no era fácil de controlar, y su imposibilidad de dormir la estaba deteriorando en muchos sentidos. Entre las llegadas tardes de Marilyn a las grabaciones, su ausentismo en algunas ocasiones, su incapacidad de seguir instrucciones, irritabilidad y su presentación en estado deplorable en el set obligó a la producción a adaptarse a ella. Entonces comenzaron a grabar las escenas en las que ella no aparecía, y esperaban a que ella estuviera siquiera un poco bien y presentable para grabar las suyas.

En alguna que otra ocasión tuvieron que posponer las grabaciones con la estrella mucho más de lo que hubieran querido, por ejemplo, cuando la histeria de Monroe estalló de tal manera que tuvieron que mandarla a internar a una clínica en Los Ángeles. En total, la producción estuvo suspendida un aproximado de dos meses Para una filmación cinematográfica eso es catastrófico, no por nada se considera a *Vidas Rebeldes* (título en español), la cinta en blanco y negro más cara hasta ese momento. Obviamente todos los participantes pasaron momentos de angustia, cansancio y malestar durante las grabaciones. Solo a finales de ese año (1961) el proyecto se dio por concluido.

Misfits (desadaptados) es una especie de drama donde tres hombres se debaten entre el deber, sus costumbres y lo que realmente desean, sobre todo después de conocer a una bella y sensible mujer de la cual se enamoran y los hace replantearse todas las cosas en las que siempre habían creído. Es una película bastante entretenida en la que una vez más Monroe demuestra su talento colmando a su personaje de una ternura mezclada con ingenuidad y bondad, sin que pasa desapercibida su increíble belleza, su porte y gracia única para llevar esos vestidos de satén con espalda desnuda que la hacían lucir espléndida.

Clarke Gable fue uno de los pocos integrantes de la producción que se mostró comprensible con el comportamiento de su compañera, le brindó comprensión y apoyo emocional mientras trabajaron juntos. Desafortunadamente y unos pocos días de terminadas las grabaciones, el majestuoso intérprete murió de un fulminante ataque al corazón. Esto trastornó de una manera significativa a Marilyn. Esto y su divorcio de Miller, quien se dio por vencido y la abandonó en cuanto terminaron de trabajar en la película, aunado a las declaraciones de la viuda de Gable quién gritó a los cuatro vientos su odio hacia Marilyn Monroe por ser la causante de la muerte de su esposo ya que, al parecer, la intensa fatiga que requirió la producción de *Misfits* pudieron provocar el deceso del actor.

Al saberla sola y vulnerable, Joe DiMaggio fue por ella, la instaló en su casa en las afueras de la ciudad y fue ahí donde la actriz, en una profunda depresión, cometió su primer intento de suicidio, siendo salvada por su exesposo. Marilyn sentía en esos momentos que solo los somníferos la mantenían a salvo.

Más adelante trató de recuperarse. Compró una casa y decidió decorarla ella misma. Viajó a México a comprar todo lo que necesitaba para dejar hermoso su nuevo hogar. El señor Mario Moreno aprovechó su visita para ofrecer una cena en su honor. Comenzó a trabajar en el rodaje de una nueva película, y todo supondría ir viento en popa, pero no era así; la estrella seguía en estado de permanente melancolía y sin poder conciliar el sueño. Estas grabaciones no fueron muy diferentes de las anteriores, solo que empeoraron tanto, que la Fox despidió a Marilyn, aunque fuera para recontratarla unos meses después, todo esto en medio de mucha polémica, crisis nerviosas, histeria y todo lo que últimamente caracterizaba trabajar con ella. De todas maneras, la actriz ya no tendría la oportunidad de terminar esta producción.

En algún momento el señor Gifford había enfermado gravemente y pidió a su enfermera hacer la llamada telefónica; llamaría a su hija Norma Jean ahora conocida como Marilyn Monroe, le contaría sobre su precario estado de salud y le pediría una audiencia, le notificaría su deseo de finalmente conocerla. La actriz, estupefacta con aquella llamada, respondió: *"No conozco a esta persona de la que me habla, en realidad nunca conocí a mi padre, pero dígale al señor Gifford que, si requiere algo de mí, puede llamar a mis abogados, ¿quiere el número?"*

Aparentemente lo que colmó la paciencia de los ejecutivos de la Fox fue el hecho de que Marilyn se ausentara un fin de semana que se suponía debía estar trabajando. Viajó sin pedir permiso ni avisar a nadie a Nueva York donde el presidente John F. Kennedy celebrara su cumpleaños número 45 y bueno, todos recordamos el tan romántico e insinuante *Happy Birthday* cantado por la estrella al mandatario aquel 19 de mayo de 1962, que causó tanta polémica y los celos de Jackie Bouvier Kennedy.

Daba igual ya todo lo que sucedía en el set de *Somethings gotta give*, la mente de la estrella estaba permanentemente en otra parte.

Como si ya tuviera todo planeado, Marilyn llamó a su abogado para poner todo en orden en caso de que ella muriera, y coordinaron asuntos como su herencia, funeral, etc.

Vivía en esta —que sería la última etapa de su vida— únicamente con su empleada doméstica. Las noches se le hacían interminables y ya no había nadie para impedir que en medio de la desesperación ingiriera cada más y más altas dosis de pastillas para dormir. El día anterior a su deceso había conseguido una receta que le permitiría conseguir 25 píldoras de Nembutal. Esa madrugada de un recién comenzado mes de agosto de 1962 tomó tantas pastillas que logró lo que tan ansiosamente había tratado durante tanto tiempo… dormir. Desgraciadamente de ese sueño ya no pudo despertar.

Esa trágica madrugada, a los 36 años, moría la mujer y nacía la leyenda.

Policía, medios y curiosos se agolparon en el domicilio de Marilyn Monroe para evidenciar lo que nadie podía creer, que estuviera muerta. Jim, que ahora formaba parte del cuerpo de policía de Nueva York se enteró inmediatamente y solo pudo mostrar la misma sorpresa y consternación que los demás.

Fue DiMaggio quien se decidió a ir por el cadáver que ya llevaba varios días en la morgue sin que nadie lo reclamara, se hizo cargo de todos los arreglos fúnebres necesarios y de que la voluntad de la estrella se cumpliera a cabalidad. Tal vez sintió que al menos en eso había logrado cumplirle a su gran amor.

Prima Donna per Sempre

Cuando escucho el nombre de **María Callas** me vienen muchas cosas a la mente: elegancia, porte, voz, fama, perfil griego, italianismo, complejidad, melancolía, carácter, fuerza, pero lo que recuerdo en primera instancia es su manera de amar: con toda el alma.

Es difícil imaginar cómo pudo llegar hasta donde lo hizo, después de tantas dificultades como haber crecido con una madre intransigente quien siempre mostró una clara y descarada preferencia por su hermana mayor y un padre "que no olía ni hedía", el típico padre que por no complicarse la vida con discusiones prefiere otorgarle toda la autoridad a la madre, mirando hacia los lados cuando se presenta alguna injusticia, así esto resulte en un desastre en el futuro de sus hijos. La señora Evangelia nunca tuvo reparos en llamar fea y gorda a María, indigna de comparación con Jackie quien era bella, inteligente y extrovertida. Probablemente este desprecio haya suscitado que se sintiera poca cosa la mayor parte de su vida, y el hecho que en plena guerra haya sido ella quien saliera a trabajar para sustentar a su hermana y madre —corriendo tantos peligros—, pueda ser la razón por la cual sintiera tanta necesidad de protección.

Años después Callas revelaría lo desgraciada que se había sentido por mucho tiempo debido a las palabras crueles de Evangelia y su actitud hacia ella, asegurando que lo único que le reconocía su madre era su voz y que lo único que la complacía era su aporte económico. Declaró que nunca se sintió querida por su progenitora, que su papel en casa era el de una sirvienta y que así mismo se veía ya que todo el tiempo vistió harapos pues su madre no le compraba ropa. Los hermosos atuendos eran para su hermana Jackie.

Años después la familia Kalogerópolos regresó a Nueva York, lugar donde había nacido la soprano un día 2 de diciembre de 1923, bajo el nombre María Anna Cecilia Sofía. En esos momentos la relación de Evangelia y George había llegado a su fin.

Estando en Grecia, María había tomado diversas clases de canto con los mejores maestros y había aprendido de la mejor manera el arte de la ópera así que buscó la manera de mostrarse, en diversas ocasiones, a su regreso a Los Estados Unidos. Pero por más que ella trataba la oportunidad no le llegaba, hasta que un buen día alguien consiguió que se presentara en la Arena de Verona y para eso tendría que viajar a Italia. Corrían los años cuarenta, el viaje en barco tenía que pagárselo ella misma así que pidió prestados mil dólares a su padrino pues no contaba con la capacidad de comprárselo. Incluso no tenía viáticos así que aquel largo viaje por el Atlántico fue toda una odisea. Nuestra estrella se aseguraría de devolverle el dinero a su padrino algunos años después, cuando ya su carrera había despegado.

María sufría de diversos males, entre ellos dolores frecuentes de estómago y de cabeza, además de unas muy bajas defensas que provocaban que cualquier contagio le produjera molestos y prolongados resfriados.

Después de sufrir hambre y muchos malestares en aquel carguero ruso, llegó finalmente a Italia donde se hospedó en un modesto hotelito. Había llegado con una sola muda de ropa, un par de zapatos, los bolsillos vacíos y el corazón repleto de sueños e ilusiones, pero sobre todo con una tremenda determinación de hacer carrera en aquel magnífico

país que estaba ya ocupado por los mejores teno-
res y las más excelentes sopranos de aquella época.
Cualquiera hubiese podido asegurar que esas tierras
resguardaban ya a lo más grande en el mundo de
la ópera pero no, lo más grande estaba apenas des-
empacando sus poquísimas pertenencias en aquel
lugar que vería nacer a la más importante soprano
del Siglo XX, la que interpretaría de manera majestuosa e inolvidable a las mejores *Gildas, Giocondas
y Macbeth, Brunildas, Maddalenas, Violetas, Normas
y Elenas* de las que se haya oído hablar, rescatar a
personajes completamente olvidados y sepultados.
La artista que conquistaría, con muchísimo esfuerzo y después de tantos y tantos rechazos, La Scala
de Milán y el MET de Nueva York. María Callas
logró reunir en sus espléndidos conciertos los más
destacados personajes del mundo de la política, la
música, el cine, la literatura y ¡hasta de la realeza!
Todos la idolatraban y soñaban con escucharla cantar y actuar en vivo, un privilegio que muy pocos
consiguieron.

Giovanni Battista Meneghini era un acaudala-
do y reconocido empresario veronés con unas doce
fábricas de ladrillos a su cargo y muchas relaciones.
Robusto, bajo de estatura, cincuenta años y hermano mayor de varios muchachos de los cuales había

cuidado y asegurado la mejor educación, no se había casado y vivía solo, demasiado solo, según sus propias palabras. Por causa de la ocupación en la Segunda Guerra Mundial había perdido su apartamento y estaba muy atareado tratando de restablecer sus negocios. En 1947 vivía arriba de La Pedavena, restaurante propiedad de un amigo suyo. Al lado de su departamento estaban las oficinas de la Arena de Verona, donde se gestionaba todo lo concerniente a las presentaciones que tenían lugar en el auditorio. Todas estas personas eran conocidos y amigos de Meneghini, quien a su vez era un fanático de la Ópera e incluso y a pesar de sus múltiples actividades y ocupaciones, había aceptado la propuesta del grupo de empresarios de ayudar en lo que se necesitara a la desconocida cantante americana que acababa de llegar. Después del desembarco en Nápoles (el 29 de junio de 1947) donde le robaron la mayor parte del dinero que traía consigo, un día y medio de viaje en el pasillo del tren por la sobrecarga de personas, finalmente llegó la soprano a Verona.

Por aquellos tiempos María Callas era una joven de 23 años con sobrepeso, vestía muy recatadamente luciendo mayor de lo que realmente era, sus pantorrillas eran deformes y los tobillos se veían hinchados, se movía con dificultad.

Aquella noche, el grupo de la Arena terminaba de cenar en el exterior de La Pedavena cuando vieron pasar a Meneghini quien regresaba a esas horas (11:00 pm) de su oficina tratando de esquivarlos ya que estaba muy cansado. No pudo, aceptó acompañarlos un momento y fue entonces que le presentaron a la cantante, a la que debía acompañar y guiar durante su estadía en Verona. Recuerda no haber pensado nada en particular al verla, todos conversaban entre sí, ella se mantenía callada y alguien preguntó a Meneghini si comería algo a lo que él respondió que no. Fue entonces que una tímida María le dijo en perfecto italiano: *"señor, puede comerse esta última chuleta, ya no hay nada en la cocina, están muy buenas y esta no la he tocado"*. Este gesto llamó la atención del empresario quien por primera vez notó la expresividad en aquella mirada. Estando sentada, a pesar de mantenerse siempre erguida y muy propia, María no se veía tan alta. Cuando todos se levantaron fue cuando Meneghini descubrió a la corpulenta mujer y fue al advertir sus inconvenientes físicos, la sencillez de su ropa y la amabilidad de su actitud que decidió ayudarla de verdad. Sintió pena por ella y deseos de protegerla.

En los días que siguieron María y Meneghini se vieron a diario, él la llevaba a las prácticas de la representación, le mostraba la cuidad, esa maravillosa y romántica ciudad que es Verona. María se enamoró inmediatamente de ella, de sus iglesias, palacios y campos, de su historia y hasta del aire que en ella se respira. Llegó a amar el dialecto, y cuando hablaba en italiano (uno de los seis idiomas que dominaba), el acento e influencia veronés se notaba. Desafortunadamente su amor por Verona no fue correspondido y mientras estaba triunfando en todo el país, esta ciudad se mantenía inmutable. Tras su muerte en 1977 se le rindieron grandes tributos alrededor del mundo que se prolongaron por tres años aproximadamente mientras tanto en Verona, no pasaba nada. Su esposo comenzó a preparar un museo en su nombre, tenía contemplado poner en exhibición las propiedades más queridas por la soprano, para así darla a conocer de una vez por todas al público veronés pero la muerte se le adelantó. También aquí nos hemos adelantado mucho, así que regresemos…

A veces María comía sola en La Pedavena, que estaba muy cerca de su hotel. Nadie le hablaba en aquel lugar, digamos que nadie se percataba de su presencia o a nadie le importaba. A veces la acompañaba Meneghini, quien se tomó la atribución de comprarle en una que otra ocasión alguna ropa al notar que María repetía el mismo atuendo una y otra vez. Esto avergonzaba un poco a la cantante, pero entendía que lo mejor era aceptar los presentes, ella misma se hartaba de verse al espejo siempre igual y andar de aquí para allá como retrato ambulante.

Además, no llegó a notar ningún interés de parte de él en cobrarse esos favores de alguna manera. Battista, como lo llamó ella todo el tiempo, era todo un caballero.

El día de la presentación del vestuario en la Arena, fue cuando Meneghini entendió que María era especial. Al verla adueñarse del escenario, completamente ataviada, se sintió hipnotizado y al escucharla en los ensayos decidió que ella podía dar más, mucho más que eso, así que habló con un par de amigos maestros de música y puso a María en sus manos. Se trataba de Ferruccio Cusinati y Elvira de Hidalgo, quienes pulieron a la Callas antes de su presentación.

Probablemente fue esa actitud de triunfo y trabajo arduo que tenía la cantante, su determinación acompañada de acción, la que enamoró a su nuevo amigo. Y de él, seguramente ese afán de cuidarla y ayudarle, de guiarle, de tratarla con cortesía, respeto y cariño cuando nunca nadie había hecho eso en su vida, lo que la enamoró a ella.

Quienes no estaban muy contentos eran los once hermanos menores de Battista, y se lo hicieron saber. Argumentaban que "la americana" no estaba a su altura, decían cosas muy ofensivas sobre su físico y, sobre todo, no tenían la menor intención de compartir con ella la fortuna Meneghini.

El día de la presentación llegó y María Callas fue todo un éxito, cantó divinamente (no por nada llegó a ser conocida como La Divina) pero eso fue todo. Los comentarios y la prensa parecían notar únicamente a Renata Tibaldi, quién se presentaba paralelamente a María y quien llegaría a ser su más férrea rival en el mundo de la ópera. El cierre de las presentaciones fue el 17 de agosto de 1947 y parecía ser también el cierre definitivo de María Callas, ya que a pesar de haber dado lo que de ella se esperaba, no obtuvo la respuesta esperada y nadie la llamó para otras presentaciones. Incluso quien fue su director en aquella *Gioconda*, el maestro Serafín, le dijo a Battista que María no debía hacerse muchas ilusiones: *"No tiene una voz italiana, están perdiendo el tiempo, aquí no hay nada para ella"*, fueron sus palabras.

A pesar de todo y todos, María y Battista celebraron lo que consideraron la entrada de María al mundo de la ópera. Pero la realidad los encontró muy pronto y les recordó que la visa de María estaba por vencer, así que se sentaron a platicar muy en serio. María expresó su deseo de quedarse y él propuso: *"Si decidieses quedarte, te ofrezco toda mi ayuda. Pondré a tu disposición los recursos y todo lo necesario para que hagas carrera, pero eso sí, debes hacer las cosas como yo te las vaya diciendo, te debes dejar llevar, yo sé con quién debo hablar y las cosas que tengo que hacer para crearte una oportunidad, tú solo debes hacer lo mejor que haces: cantar, y yo te voy a representar. Si decides no aceptar lo entenderé y te acompañaré a comprar tu ticket de regreso a los Estados Unidos".*

Ella respondió: *"Acepto ser tu representada y me gustaría, si no tienes objeción, ¡ser también tu esposa!"*

El llegar a ese acuerdo significaría para él, dejar todos sus negocios, toda la vida que había conocido antes de María y lo más difícil, alejarse de su familia, con excepción de su madre con quien seguiría manteniendo una cálida relación a través de los años. Para ella era no regresar a su país y de alguna manera someterse a una vida de disciplina y horarios, desconocida hasta entonces.

Ambos estaban completamente de acuerdo y la aventura dio comienzo.

El estar juntos como marido y mujer le permitió a María enterarse de los estricto que era Battista cuando de trabajo se trataba; se enteró de la cantidad de relaciones ventajosas que poseía, de su tendencia a la protección (causada probablemente por el hecho de haber tenido que hacerse cargo completamente de sus hermanos menores) y de lo controlador que podía ser. Nada de eso era un problema para ella; se adaptó a su ritmo de trabajo no sin quejarse a cada minuto pero se adaptó; la gran cantidad de conocidos de su esposo le abrió un sinfín de oportunidades en su carrera, ella estaba ansiosa de protección y asumió, de manera consciente o no, que ser controlada era una parte que venía incluida en el asunto así que se dejó llevar, al menos por doce años, se dejó llevar.

Battista, por su parte, se enteró inmediatamente de las necesidades de su nueva compañera, necesidades emocionales muy serias. Se había casado con una mujer ávida de protección, estabilidad y cariño, con una autoestima por los suelos y un carácter de los mil demonios.

La carrera y la fama de María crecieron como la espuma. En poco tiempo logró hacer exitosas presentaciones en muchos teatros importantes de Italia como el Fenice, el Florence, el Comunales y el San Carlos de Nápoles. Participó como estrella protagónica en obras como *Aida, Isolde, Tristán,*

Turandot y *Medea*. Todo esto se dice muy fácil y rápido pero la verdad es que no lo es. Si para poder presentar una obra de teatro regular un actor debe ensayar como mínimo cuatro horas diarias si es que tiene otras ocupaciones, si trata de un actor de tiempo completo, el tiempo requerido es mayor. Se trata de aprender sus diálogos, pero no estudiar solo los suyos, sino también el de sus compañeros porque de esos depende donde comienzan los propios, así que ese folleto lo lleva por espacio de dos o tres meses (dependiendo de la obra) como segunda piel. Además, se ensayan todo ese tiempo los movimientos, poses, entradas y salidas, siempre, de acuerdo con los de los compañeros. También se trabaja en la dicción, la memoria debe estar al cien por ciento y además de todo esto se ensaya, practica y perfecciona la capacidad de interpretar. Luego están las presentaciones que son extenuantes y requieren no solo toda la capacidad intelectual y emocional posibles, sino también física. Si esto es así en actos que requieren únicamente actuación… Imaginemos lo que será ¡actuar y al mismo tiempo cantar!

Y si tomamos en cuenta la fuerza que requiere cantar ópera, ¡uf! Debe ser agotador y realmente lo fue para la *Prima Donna*.

Casta Diva es maravillosa sobre todo cuando tiene como cantante a María Callas. Uno cuando escucha esa voz y esa manera de interpretar, siente como si de momento no pasara nada más por la mente, como si pudiera atrapar la atención por completo, porque lo que se escucha es de una belleza que uno quisiera que ese momento pudiera durar tan solo un poco más.

Esto fue lo que sucedió la primera vez que la cantante audicionó para esta obra:

Su esposo hizo arreglos para que Maestro Labroka la escuchara en el teatro La Scala de Milán, donde por cierto María siempre tuvo innumerables problemas con las personas encargadas de los espectáculos que se montaban en este recinto. Casi a regañadientes el maestro había aceptado hacerle una audición a la entonces desconocida soprano. La invitó a pasar al salón y se colocó frente al piano preguntándole: *"¿Qué te gustaría cantar para mí?"* A lo que ella contestó: *"¿Le gustaría escuchar Casta Diva de Norma?"* Labroka la miró con aire de escepticismo. Y es que resulta que *Casta Diva* es una de las arias más demandante si no que la más de todas las arias. En la opinión de Meneghini, solo una presuntuosa y tonta principiante pediría cantarla en una audición, por lo que es fácil imaginar que

Labroka pensó en ese momento que estaba frente a otra soprano imprudente y pretenciosa. *"Canta lo que quieras",* dijo el maestro notablemente irritado. María esperó muy calmada la entrada del acompañamiento musical. Al parecer la artista sabía manejar con perfección el control en su respiración, su timbre de voz era único y su encantadora melancolía convertida en música era inolvidable. Su esposo quedó conmovido con la interpretación, Maestro Labroka no mostró mucho entusiasmo y, aun así, *Casta Diva* es la interpretación con la que María Callas se volvió tan famosa aún en los círculos donde era difícil encontrar amantes de la ópera.

Retomando el asunto de las necesidades emocionales de la cantante, echemos un vistazo a algunos fragmentos de cartas escritas a su esposo mientras se encontraba en otras ciudades como Roma o Milán, tomando clases de canto, ensayando, o presentado sus obras:

"Anoche fue la primera vez que comí sola desde que estamos juntos. No te imaginas lo infeliz que me sentía, no hubiera comido si no fuera necesario hacerlo, solo hemos estado seis días separados y ya me siento miserable".

Según su esposo, la soprano era incapaz de soportar la soledad:

"Cariño, ¿cuándo te volveré a ver? Mi Battista, soy tan infeliz cuando no estás conmigo. A pesar de la llamada de ayer, me siento muy, muy sola. Cuando pienso en que voy a cantar mi primer Forza sola, sin ti, lloro amargamente y no solo mi corazón llora, sino todo mi ser".

En cuanto a los momentos en los que le tocaba actuar era bastante exigente, sobre todo en lo concerniente a su vestuario. Se molestaba cuando las cosas no estaban a tiempo y en su lugar, detestaba las pelucas y se quejaba constantemente cuando no le gustaba la ropa que le tocaba usar. Meneghini estuvo casi siempre tras bastidores en sus representaciones. Como mánager era lo que hacía y como esposo también, ya que daba apoyo emocional a María y pues, era quien atendía las quejas de la diva. Y estas eran muchas, por ejemplo, cuando era criticada por la prensa, cosa que le molestaba mucho ya que se sentía infravalorada, una sensación que no deseaba tener más.

Al principio de su carrera, Meneghini no la acompañaba a sus presentaciones internacionales, se quedaba en Italia organizando nuevas fechas y agendando los trabajos de su esposa.

La primera vez que se presentaría en Buenos Aires (en 1949) escribió desde la tierra de Gardel:

"Estoy agripada desde que llegué, la ciudad es bella con enormes coches, pero a pesar de las elegantes tiendas y espaciosas avenidas prefiero Italia. Aquí todo me resulta falso, allá la gente es más cortés y la vida tiene más gracia".

"¡No logro reponerme de este resfriado! Ahora mismo tomé un vaso de leche caliente con dos aspirinas. ¿Sabes? No logro encontrar gozo sin ti, eres la razón de mi existencia".

"Llevo diez días aquí y siento que he estado una eternidad. El dolor de cabeza no me ha dejado un momento y no he dormido bien".

"¡Ya no soporto la ciudad, el clima es terrible, la humedad y el polvo están por todas partes y por si fuera poco es totalmente fascista, todos los fascistas del mundo están aquí, y esto sin contar con que Evita controla todo lo que sucede en los teatros!"

A pesar de sus altibajos emocionales, malestares físicos y demás, María Callas triunfó en Argentina, la crítica habló solo maravillas de ella y el público estaba extasiado con la presentación de Norma. Su carácter dificultaba la relación con sus compañeros, no tuvo con ellos ningún contacto mientras duró la gira, salvo el necesario; le comentó a Meneghini lo a disgusto que estaba con la presencia de Renata

Tibaldi ahí, pero al final Eva Perón decidió que la Tibaldi no cantaría y todo el éxito fue para María.

Entre 1949 y 1950 María ganó mucha fama y fortuna. Su agenda se mantenía llena, la gente quería verla y escucharla, los empresarios tenían que hacer malabares para ponerse de acuerdo con Meneghini, quien ganó fama de difícil y exigente con los contratos que firmaba su esposa, con el trato que se le daba tanto en las presentaciones nacionales como en las que tomaban parte fuera de Italia, era meticuloso con cada aspecto y no permitía que nadie se aprovechara de ellos. Personalmente creo que los empresarios pueden decir misa, ya que quedó muy claro que si Meneghini no hubiera sido como fue, nunca la carrera de su esposa hubiese resultado como resultó.

Llegó el momento que tanto había ansiado la cantante: tener su propia casa. A pesar de que Robert Kiyosaki asegura (y nadie le quita razón) que una casa es un pasivo y por lo tanto no debería estar entre nuestras prioridades adquirir una antes de poner el dinero a trabajar, la verdad es que saber y sentir que se tiene un espacio que es propio (así sea pequeño) de donde nadie te puede sacar es muy gratificante, así mismo como es frustrante lo contrario.

Entonces tenemos que María logró estrenar su propio espacio. Menighini había comprado un edificio donde abrió sus oficinas, oficinas donde se gestionaba todo lo que tenía que ver con la carrera de María que él representaba. Decidió que su casa la construirían arriba de esas oficinas, ubicadas en vía San Fermo. Entre los dos diseñaron un apartamento bastante amplio, espacioso y aireado. En cuanto estuvo listo María entro en una especie de trance y no quiso saber de nada más que no fuera decorar su nueva casa. Durante cuatro semanas no quiso saber nada sobre cantar, ni siquiera se presentó a sus clases que en esos momentos tomaba con Maestro Cusinati. Intentaron contratar a un decorador de interiores para ayudar en los arreglos, pero no logró ponerse de acuerdo con la dueña de la casa ya que ella no dejaba que nadie le dijera lo que tenía que hacer. Matilde, el ama de llaves de Menighini fue de mucha ayuda a María por aquellos días. La diva se compró una caja de herramientas de metal, esa caja se quedaría en la cocina de Menighini por mucho tiempo después que María lo abandonara.

Entonces la cantante puso manos a la obra. Battista era propietario de muchas pinturas de artistas de renombre, y varias de ellas se las obsequió a su esposa. María se dedicó en cuerpo y alma a colgar todas esas pinturas en sus paredes y ahí se le podía ver, de un lado a otro jalando una escalera, subiendo y bajando, colgando cuadros, con la ayuda de Matilde. Luego se sentaba en medio de la sala a observar su logro, cuando no le parecía, que era bastante seguido, entonces no tenía reparo en cambiar todo lo que consideraba necesario y volver a empezar. Daba la impresión de entrar en diferentes habitaciones cada vez que hacía cambios en ellas. Su esposo se preocupaba de que fuera a tener algún accidente cada vez que la encontraba encaramada en algún mueble haciendo arreglos, pero ella estaba determinada a dejar bella su casa, y lo logró. Hizo un trabajo difícil de superar por cualquier decorador de interiores. Las pocas personas que lograron entrar en ella (pues eran bastante selectivos en ese sentido) percibían un ambiente majestuoso, cálido y confortable a la vez. María tenía un gusto exquisito.

La cocina también era una de sus pasiones y ya que tenía su propia casa se dedicó a comprar personalmente todo el equipo necesario para poner sus habilidades culinarias en práctica. Compró juego de cacerolas de las mejores que encontró en las tiendas y también de cuchillos, ella pensaba que cuando se trata de estos, no se debía escatimar y había que tener los mejores a la disposición. Otra cosa que le obsesionaba eran las recetas. Compraba revistas y periódicos de donde las recortaba y las mantenía a la vista en su cocina, no dejó de probar ninguna y le salían muy bien, con excepción de los postres, los cuales todos sabemos no son para nada fáciles y si tomamos en cuenta que ella no era aficionada a las cosas dulces, pues... Lo que si amaba y devoraba hasta los huesos eran los filetes, especialmente el filete Alla Fiorentina, podía comerse uno de 28 onzas sola y sin ningún problema. Sin embargo, eso lo podía hacer quizás una vez por semana o menos, no tomaba licor salvo un poco de vino ocasionalmente.

Por supuesto que su esposo era el más feliz con todo aquello. Algo que también lo ponía de buen humor era cuando visitaban a su madre los domingos; ver a aquellas dos mujeres que él amaba, cocinando, compartiendo recetas y demás era muy placentero para él. La señora Menighini fue siempre muy amable con María, desde el principio, eso fue crucial para que la relación madre e hijo no se viera fragmentada durante esa travesía de demandas legales en la que se habían enfrascado sus hijos en contra de su hermano mayor.

María y Battista estaban muy a gusto el uno con el otro, pero como no se puede tener todo en esta vida, o al menos no todo al mismo tiempo, extrañaban tener hijos. Al menos María estaba convencida de querer ser mamá y trató lo más que pudo. Aunque Menighini no saltaba de la emoción con la idea, por su edad más que por otra cosa, le hubiera hecho muy feliz poder concebir con su esposa porque sabía que eso la hubiera hecho muy feliz a ella... pero nunca sucedió.

Como dijimos antes, la carrera de la cantante iba viento en popa y llegó a ser amiga de estrellas como Ingrid Bergman y Marlene Dietrich, aunque en realidad ella no le daba mucha importancia a lo que ellas representaban como actrices, tanto que cuando decidía que no quería ver a alguna de ellas, no la veía más y ya. Ni siquiera el haber recibido una invitación para una audiencia con el Santo Padre le interesó mucho. Por lo general son las personas interesadas (así sean celebridades) las que deben pedir ver al papa, con María sucedió lo contrario y cuando llegó el día de entrevistarse con Pio XII allá por 1954 resultó que como la mañana estaba nublada y ella no se sentía animada, decidió que no atendería la invitación. Increíblemente Menighini recibió otra llamada del Vaticano haciendo una segunda invitación a la soprano, su esposo tuvo que insistirle mucho para que aceptara y al final lo logró, fue una experiencia grata para María, pero eso fue todo. Y no es que no fuera religiosa, que lo era, simpatizaba con la religión greco-ortodoxa que había aprendido en su país de origen. Battista le había regalado una figurita de la Virgen, ella adoraba esa figurita y la llevó consigo donde quiera que anduviera. Aseguraba que atraía buenas vibraciones y protección para ella. Además de eso, María oraba a diario antes de comer, al despertar y antes de dormir.

Una vez más le tocó hacer presentaciones fuera del país, esta vez se trataba de México, y el viaje que emprendería comprendía una parada en Nueva York.

Escribió a su esposo:

"Llegamos a la ciudad de México esta mañana, el director de la Ópera, señor Pani, llegó al aeropuerto para saludarme junto con el cónsul de Grecia y unas mujeres que me trajeron orquídeas en una caja, luego me llevaron al hotel. Me siento bien. Me di un baño y dormí hasta la 1:30, cuando desperté tenía un ramo de flores de parte del señor Pani y de parte del teatro, todos parecen amables aquí, espero que así continúe".

"Olvidé mencionarte que detesté Nueva York, la ciudad es muy ruidosa y hay demasiado tráfico, en mi ida de vuelta, volaré directo a Italia vía Madrid, no quiero

pasar de nuevo por Nueva York. Espero que mi madre se reúna conmigo aquí y quisiera contarte que ya le he devuelto a mi padrino el dinero que tan amablemente me prestó para viajar a Italia".

El tiempo que estuvo en México María lo pasó muy mal debido a diversos factores: padeció de insomnio todo el tiempo, tenía los nervios de punta debido a la desorganización en los ensayos y presentaciones, sus colegas hacían lo imposible por hacerle sentir incómoda, tuvo enfrentamientos con su madre y según sus cartas extrañaba mucho estar con su esposo.

"Muero de apatía en este lugar, mis defensas están hechas trizas debido al clima e incluso la altura de esta ciudad. Aquí nunca se sabe a qué hora serán los ensayos, ando de aquí para allá como tonta, las presentaciones son un desastre y mi estómago ha sufrido estragos, me duele todo el tiempo".

De todas maneras, la diva triunfó una vez más y los mexicanos la amaron.

Los triunfos siguieron y María llegó a presentarse en teatros como el Massimo, en la Ópera de Roma y el Covent Garden de Londres interpretando a personajes como *Brunilda, Maddalena, Leonore,*

Abigaile, *Elena*, *Violeta* y *Norma* en obras como *Die Walkure*, *I Vespri Siciliani*, *La Traviata*, *Tosca*, *Anna Bolena*, *Nabucco*, *La Vístale* y *Medea*, entre otras. Siempre lo hizo con gran aplomo y serenidad, al parecer era una de esas pocas actrices que no sentía las "maripositas" en el estómago antes de entrar en escena. Nada de ansiedad había en María antes que se corriese el telón.

Aquí algunos comentarios de *Il Giornale:*

"María Callas una vez más nos ha impresionado con sus dones vocales desarrollados durante riguroso entrenamiento, y con su magnífico despliegue en el tercer acto y en la escena de la muerte de Abigail, despliegue de un instinto dramático fuera de lo común".

"La parte diabólica de Abigail fue asumida por María Callas, una artista de lo más musical e inteligente quien trajo vigor a su caracterización y un sentido de poderosa y bien manipulada maldad".

Escribió a su esposo desde Napoli:

"No sé qué cosas hacer aquí, no quiero ir al cine sola, el clima es primaveral y encantador. Estoy de regreso en el hotel escribiéndote que estoy deprimida, triste y sola, tan sola pero después que hablamos por teléfono estoy mejor, ¡muy feliz de que vayas a venir! Podemos hacer tantas cosas juntos; caminar disfrutando de la maravillosa vista,

Pompeii, las tiendas, las calles, en fin. ¿Y sabes? Podemos ir a ver el primer Wozzeck, podemos vestirnos elegantemente y toda la cosa, pero para eso tienes que traerme un vestido largo, el que tú quieras, el negro o el violeta. El violeta será mejor seguramente, por favor trae también un vestido para la tarde, el sujetador que Matilde olvidó empacar y un corset corto. También trae mi capa larga por favor".

"Titta, hice algunas compras. Compré un espejo para mi vestidor, un regalo de Navidad para ti y algunas cosas para mi cocina. También una lámpara para la mesita pequeña del teléfono, estoy emocionada porque es exactamente la lámpara que quería. ¿Pero cómo haré para llevarme todas estas cosas? Quizás deberías traer una maleta más grande, querido. Disculpa tanta molestia, pero de verdad necesito todas estas cosas. Pero ven pronto. He tenido suficiente de este lugar. Es muy desagradable estar solo sin tener nadie con quien platicar".

María también comentaba sobre las cartas recibidas de parte de sus admiradores, había ganado fanáticos en todo el mundo que le escribían entusiasmados expresando su amor y admiración hacía ella.

Brasil fue una mala experiencia para el matrimonio Meneghini. Viajaron juntos para varias presentaciones previamente contratadas pero la cantante fue tratada desde el principio con descortesía por Barreto Pinto, un famoso millonario encargado del teatro donde se presentaría, le hizo groserías como no avisarle que no cantaría cierto día: aun permitiendo que María ensayara y se preparar para a cantar, la había reemplazado. Sus compañeros la veían curiosos y se reían de ella al verla tan confundida, y cuando la pareja se presentó a quejarse con el empresario cuestionando el cambio, él se limitó a responder: *"Te cambié porque la última vez estuviste malísima, fatal"*. María montó en cólera, agarró un objeto pesado de su escritorio y le dijo amenazante: *"¿Malísima? ¡Repite eso, gusano!"* El empresario amenazó con llamar a la policía y en ese momento la soprano no solo le aventó el objeto sino también se le fue encima con todo y sus doscientas libras. Menighini y otras personas tuvieron que hacer muchos esfuerzos para separarla del pequeño hombre que había ido a parar debajo de su escritorio, gritando por ayuda. La pareja se marchó al hotel y estuvieron aguardando todo el día la llegada de la policía, Battista estaba realmente preocupado pero lo que realmente rebasó la copa fue el incidente de un camarero que llegó a dejarle la comida a María a su habitación mientras estaba sola. Aparentemente el chico quiso tocarle un seno y pues, María le dio un puñetazo, lo sacó por la puerta y el hombre terminó rodando por las escaleras. No tuvieron gran problema con la policía, pero sí un sobre de parte del empresario brasileño donde se encontraba la paga por la presentación de María y dos boletos de regreso a Italia, que partía en dos horas después de recibido el sobre. La pareja tomó el avión y no regresaron a Brasil nunca más.

La verdad es que no eran muchas las personas que gozaban de la simpatía de María. Por ejemplo, uno de sus directores, Maestro Luchino Visconti fue su compañero durante mucho tiempo y ella admiraba su inteligencia, pero odiaba la manera en que se expresaba, su lenguaje. Tuvieron varios altercados por el sombrero del personaje de Violeta, Visconti insistía en que debía usarlo en la escena en la que esta agoniza, pero María montaba en cólera, no estaba de acuerdo en que una mujer agonizante pudiera estar interesada en su sombrero, así que optaba por tirarlo en esa escena para disgusto de Visconti. En cambio, con Franco Zeffirelli (otro de sus directores), las cosas eran distintas. María amaba su discreción, sencillez, dulzura y amabilidad, además de que el maestro usaba un lenguaje muy propio cuando conversaba.

La reina Isabel de Inglaterra sí que contaba con su admiración y entonces es muy fácil imaginar su felicidad cuando tuvo la oportunidad de conocerla en persona. Esto ocurrió mientras hacía unas presentaciones en Londres y existe una fotografía donde vemos a la diva inclinada haciendo una reverencia y mostrando su respeto a la monarca, quien también luce muy a gusto y con una amplia sonrisa frente a la famosa soprano.

Todavía en 1951, cuando el teatro La Scala de Milán presentó *I Vespri Siciliani*, podemos ver en la fotografía a una María Callas obsesa, aparentando más edad de la que realmente tenía y un semblante triste cuando tenía cerca a los fotógrafos, no le gustaba que la fotografiaran, seguía vistiéndose como una señora mayor. Se sentía infeliz y frustrada con su aspecto, pero no lograba bajar de peso a pesar de haberlo intentado en varias ocasiones, hasta que un día sucedió.

Mientras estaba en la bañera en un hotel de Italia sintió y vio con horror una inmensa lombriz solitaria ¡que salía de su cuerpo! Era tan grande y larga que se asustó y comenzó a gritar, llamó a recepción pidiendo que alguien llamara a su marido quien había salido a hacer una diligencia. El susto fue tremendo además de haber sido una experiencia muy desagradable, pero las consecuencias fueron mucho más placenteras porque a partir de ese momento María Callas comenzó a bajar de peso de una manera exagerada, rápida e inexplicable; ¡parecía haberse convertido en otra! Desde luego que esto repercutió en sus ánimos y para 1955 se había convertido en una mujer esbelta, su piel se había tornado brillante, se volcó a las tiendas y cambió su guardarropa, compró joyas, abrigos y zapatos que ahora lucían encantadores en su delgados tobillos, estaba feliz y su autoestima había alcanzado los niveles propios porque entendió que era una mujer con rasgos muy bellos y ahora sí se permitía resaltarlos, sobre todo su mirada, esa que había sido lo que Meneghini había notado de ella la primera vez.

Su médico de cabecera le explicó que a veces ese tipo de criaturas al estar tanto tiempo en el organismo de algunas personas, no les permite engordar pero que, en casos excepcionales como el suyo, ocurría lo contrario. Desde luego que ante el notable cambio las especulaciones no se hicieron esperar, entonces la prensa, al no recibir ninguna declaración de parte de la cantante, atribuyó su nueva figura a un sinfín de razones. María no se molestó en desmentir nada salvo una demanda que puso a una compañía de pasta que aseguraba que sus productos habían sido los que habían "hecho el milagro" en la soprano.

A partir de este acontecimiento a María se le veía con mucha más alegría y energía. Ítalo Mocati —conocido escritor y crítico de cine italiano y quien escribiera una biografía sobre la soprano— asegura que María no solo perdió peso físico sino también psicológico el cual era un tremendo peso. Antes del cambio era una persona apocada pero luego, lucía *piú ligera, libera*, asegura el escritor.

Al darse cuenta de que pasarían mucho tiempo en Milán donde María ensayaba y se presentaba frecuentemente, la pareja decidió comprar una casa y mudarse a esa ciudad. Claro que Matilde siguió siendo parte de la ayuda doméstica, así como contaban con un cocinero, una afanadora y un jardinero. Al parecer María siempre fue muy amable con todos ellos. Era estricta y pedía que se tratara con respeto a su esposo eso sí, pero era cordial.

María Callas conquistó todos los recintos de ópera importantes que se pueden conquistar y los conquistó a base de mucho trabajo y esfuerzo. La Lyric Ópera de Chicago llegó a pagarle hasta dos mil dólares por presentación, por allá de 1954. Luego esta cantidad subió a los cinco mil. La Ópera de París organizó un evento de beneficencia en el que estaban involucrados personajes de la talla de Brigitte Bardot y para esta presentación se le ofreció a María Callas 10,000 dólares. Los organizadores del evento no lograban convencer a Menighini, quien aseguraba que su esposa estaba enferma por aquellos días, y era verdad. No fue una, sino varias las veces en que cayó agotada, exhausta. Su médico aseguraba que padecía fatiga por exceso de trabajo y le mandaba reposo, pero ella no obedecía mucho que digamos, y por ejemplo hay un evento que la gente de ese momento no olvida y es aquel en el que, en una importantísima presentación de *Norma* en Roma —importante porque entre el público se encontraba el presidente de la nación— resultó que cuando el segundo acto estaba por comenzar, María le hizo saber cómo pudo a su esposo que no podía salir a cantar, había perdido la voz. Aquello se volvió una locura, el público no se lo podía creer, la esperaron por mucho tiempo, aplaudían y aplaudían para animarla a salir, Menighini no sabía qué hacer, trataba de convencerla de que tratara, que saliera a cantar, pero ella no pudo. Fue una total decepción, todos tuvieron que retirarse a medio espectáculo, presidente incluido. Sin embargo, afuera del teatro y de su hotel se habían quedado muchas personas gritando toda clase de majaderías y arrojando objetos. La policía tuvo que hacer acto de aparición para proteger a todas las personas involucradas en el evento, pero sobre a todo a María, ya que la muchedumbre esperaba a que saliera "para lincharla", según decían. Fue un asunto muy desagradable que por fortuna no pasó a más.

Entonces la Callas decidió escuchar a su médico y tomó unos días de reposo, no todos los que él había sugerido, pero descansó un momento de tanto trajín.

Al poco tiempo el ajetreo se reanudó, los viajes, presentaciones, y una que otra fiesta. Ni Battista ni María fueron muy afectos a las fiestas. Las personas cercanas a ellos aseguran que el del problema era él, entonces eran muy pocas a las que asistían y precisamente en una de estas, en Venecia, fue cuando apareció en escena Aristóteles Onassis.

Onassis era por ese entonces un conocido magnate griego. Era conocido por su poder, su dinero y su afición a las mujeres famosas, digamos que era una especie de coleccionista en este género. No era precisamente apuesto ni mucho menos, pero ser uno de los hombres más ricos del mundo (por no decir que el más rico) quiérase o no, aumenta el atractivo de cualquiera. Su yate *Cristina* (llamado así por su hija) no era menos famoso que su dueño, ahí se llevaban a cabo las más escandalosas fiestas con los personajes más famosos e importantes del momento. Su matrimonio para ese entonces estaba en picada. Sus grandes amores eran sus dos hijos.

El día que Battista y María aceptaron la invitación de los Onassis a dar un paseo en el *Cristina* fue el día que comenzó el final de la gran aventura de doce años en la que se había embarcado la pareja Menighini.

Onassis había insistido mucho a la pareja para que aceptara. Había visto a María en aquella fiesta, la había visto actuando en la Ópera de París —a la cual ella casi no asiste por su estado de salud, pero a la que al final aceptó participar—. Aristóteles se había encaprichado con ella. María no quería aceptar tampoco la invitación al paseo del armador griego, Battista tampoco quería, pero cedieron a la insistencia del anfitrión, quien puso a su esposa al teléfono para convencerlos. Pensaron que sería feo rechazar tanto aquella invitación y aceptaron. Tal vez era una señal. La indisposición para las fiestas, para la presentación en Francia y para el paseo en yate. Tal vez los dos intuían lo que estaba a punto de pasar, pero hicieron lo mismo que hacemos todos, la mayoría de las veces; ignoraron esa sensación.

Ocurrieron muchas cosas turbias durante los días de ese paseo en el *Cristina*, pero lo primero que notó el matrimonio Menighini fue que los invitados, famosos todos ellos, no tenían mucho reparo en caminar desnudos por los pasillos y orillas de la embarcación, por ejemplo. Ahí había de todo; los mejores vinos y la mejor comida, el servicio era excelente y no había un solo detalle sin algún destello de lujo. El paseo por el mediterráneo comenzó e inmediatamente Battista se dio cuenta de que había sido un error subirse a aquel yate, pero era demasiado tarde para dar vuelta atrás, sobre todo porque claramente María no pensaba igual y se dedicó en cuerpo y alma a divertirse. Onassis no disimuló para nada su enajenación con María, se desvivía en atenciones para con ella. La llevó a dar el tour de rigor por el yate, le presentó a los otros huéspedes y la invitó a las fiestas nocturnas, esas veladas de las que todas las revistas del momento hablaban. Battista se limitó a quedarse en su camarote y descansar. Le pidió en varias ocasiones a María que se quedara con él por las noches. Lo que él quería era lo que hacían siempre: cenar, conversar un rato y luego ir a la cama. Pero ella no tenía la menor intención de perderse todo aquel regocijo. Probablemente se dio cuenta de que aún era muy joven para haberse adaptado a un estilo de vida tan sombrío como era el suyo, y sí, era una vida muy tranquila la que le había ofrecido Battista, pero también era triste y melancólica. *"Trabajar, trabajar y trabajar. Debe haber algo más que esto"*, comenzó a decirse.

Desde que tenía veinticuatro años se había acomodado a la manera serena de vivir de su esposo de cincuenta y se había habituado a ese mundo que era el único que conocía, el mundo de Battista.

Desde el día que llegaron al Cristina hasta el día que desembarcaron de él, María no durmió una sola vez con su esposo. Bailaba todas las noches con Aristóteles, cantaban y tomaban.

Los invitados la escucharon decir en varias ocasiones que ella necesitaba eso, necesitaba un poco de diversión, un poco de locura, un poco de vida. Todos esos amaneceres los compartió con Onassis, cuando regresaba a su camarote siempre traía una excusa diferente. Menighini tenía claro que algo andaba mal e incluso la entonces esposa de Onassis le advirtió que María se estaba acostando con su esposo, y entre lágrimas y sollozos, mientras se encontraban solos en el bar, le confesó que ella ya no daba para más, se divorciaría inmediatamente. Battista no sabía si creer aquello o no, pero pensó que al terminarse el calvario que había resultado ese viaje para él, terminaría también la repentina euforia que había envuelto a María y que volvería a ser la misma de siempre. No fue así.

María se había dado cuenta a sus 36 años que allá afuera había otros mundos ajenos a ese único que había conocido y sobre todo había descubierto que le encantaban esos mundos.

Cuando estuvieron de vuelta en casa María y Battista hablaron: él pidió explicaciones de su comportamiento a lo que ella respondió: *"Battista te dejo. Me he enamorado de Aristóteles y me voy con él"*. Alegó sentirse completamente controlada por Menighini, le aseguró que se sentía prisionera estando con él, que no era feliz y que él debía entender que ella era aún joven y necesitaba vivir, no era justo que él pretendiera que ella se quedara a su lado siendo un hombre tan viejo como lo era él. En ese entonces su esposo contaba alrededor de los sesenta y dos años. Él se encontraba en completo estado de negación, es que no podía creer todo lo que estaba escuchando. ¿Dónde estaba su esposa? ¿Quién era esta mujer tan cruel que tenía enfrente? María, al ver que su esposo no reaccionaba, entró en desesperación y comenzó a compararle con Onassis y en la comparación Battista salió perdiendo. Ante los ojos de María su esposo no tenía ni la alegría, ni el *glamour*, ni la clase y el mundo del magnate griego. Todo se había decidido ahí, pero mientras esa separación se daba, aquello fue "un estira y encoge" tremendo. María entraba y salía de la casa a recoger y dejar cosas, se hospedaba en un hotel, mientras tanto Battista deambulaba por el lugar como un fantasma perdido, la servidumbre le veía y se preocupaba mucho por salud, tenían que obligarlo a comer, Matilde se ocupó de que durmiera y se encargó de recibir las llamadas de amistades que preguntaban por ellos y sobre todo de empresarios que no entendían el silencio de parte del representante de María. Había muchos asuntos pendientes por resolver pero Menighini no tenía cabeza para nada de eso, además ¿qué podía decir a los demás si ni siquiera él entendía bien lo que estaba sucediendo? A veces sentía que estaba en medio de una pesadilla, que despertaría y la tendría allí, a su lado, que su esposa estaría viéndole, recostada y con una sonrisa le diría: "¿Battista, que te pasa? ¿Acaso no has dormido bien? Bueno, cualquier cosa que hayas soñado, ya pasó, quédate tranquilo mi amor". Y entonces lo abrazaba con mucha fuerza y volvían a dormir, juntos y acurrucados como siempre. Resultó que aquella pesadilla no llegaba ni por cerca a su fin.

La pareja acordó que el esposo se quedaría con la casa, así que ella se dedicó a sacar todas sus pertenencias, que incluían muebles, pinturas, ropa y la figurita de la Virgen que le había regalado su esposo hacía tanto tiempo. En alguna de esas ocasiones en que ella llegaba a casa la acompañó Aristóteles y aquello sí que fue incómodo para Battista, que a veces se quedaba callado cuando aquel hombre se acercaba a saludarlo y preguntarle cómo se encontraba o hacía algún comentario sobre el clima. Alguna que otra vez sintió que perdería los estribos cuando Onassis llegaba pasado de copas, expandiendo aquel desagradable olor a alcohol por toda la estancia. Y otra vez sí que perdió el control, no pudo evitarlo y le preguntó que por qué, ¿por qué se había metido de esa manera en sus vidas? Onassis estalló en una carcajada, estaba tan ebrio que casi no se sostenía en pie. Battista se le fue encima, María intervino, Battista ya fuera de sí, les aseguró que nunca le daría el divorcio a la diva y entonces ocurrió aquella tan famosa escena en la que el magnate lo amenazó con usar todos sus recursos para lograr ese divorcio, le recordó lo poderoso que era y preguntó: *"¿Cuántos millones quieres por dejar libre a María?"* Sacó su chequera y Battista lo miró con lástima: *"No eres más que un pobre borracho y no te parto la cara porque en ese estado eres incapaz de defenderte"*, y se marchó a su habitación. Battista imaginó que se habían quedado ahí toda la noche porque Onassis prácticamente no podía ni caminar por las circunstancias en que se encontraba. Y así ocurrieron varios altercados en los interminables días en los que María iba y venía. Su esposo estuvo varios días deprimido, escribió en sus diarios lo devastado, impotente e infeliz que se encontraba en aquel tiempo. En cuanto tuvo fuerzas fue a ver a su madre, no quiso comentarle nada de lo que sucedía y cuando ella preguntó por su nuera él se limitó a decir que se encontraba bien. Se dedicó a poner en orden todos los documentos que lo requerían, como los impuestos de María y demás cosas que lo mantenían con la mente ocupada. Los empresarios no paraban de llamar. Claramente María tenía miedo del escándalo, no quería que nadie se enterara de lo que sucedía, tanto ella como Onassis seguían casados, no podían exponerse. Cuando la cantante preguntó a su esposo si podía seguir representándola, se lo pidió casi rogándolo. Necesitaba de su ayuda, sentía que nadie como él sabría cómo manejar su carrera y los días ya contratados para sus representaciones se acercaban. Battista dio un no rotundo. No iba a seguir trabajando con ella, no quería tener ni un lazo que lo atara a ella, ya no. Esto llenó de furia a la soprano quien lo maldijo de mil y una maneras.

Pasaron ocho meses en los que nadie sabía dónde se había metido María Callas. Reporteros, empresarios, familiares y amigos desfilaban por la entrada de la casa de Battista y el teléfono no paraba de sonar. Aquello era un infierno hasta que Menighini decidió dar una entrevista en la cual daba a conocer su separación de María Callas, pedía que se le dejara en paz y que si necesitaban información acerca de la vida de la cantante debían avocarse a Aristóteles Onassis. El escándalo que se desató fue mayúsculo, ocupó los encabezados de diarios y revistas por varios días y sobre todo desató la furia de María, quien llamó a Menighini desde Londres amenazándolo con llegar el día menos pensado, entrar con una pistola a la casa y matarlo como a un perro ya que era eso lo que se merecía. Él no se contuvo esta vez y le dijo que eso ocurriría solo si él no la mataba antes. Esa fue la última vez que hablaron. Menighini escribió que le parecía increíble que esa hubiera sido la última conversación de dos personas que hasta hace apenas un tiempo se amaban incondicionalmente. A partir de entonces María "despotricó" todo lo que pudo en contra de su todavía esposo, usó todos los adjetivos peyorativos que encontró para calificarlo y no quiso saber nada más de él. Para 1959 todo había acabado para la pareja.

Nadie tiene claro por qué María dejó de cantar. Algunos amigos cercanos aseguran que Onassis se lo prohibió terminantemente ya que necesitaba que ella anduviera donde sea que él anduviera. Otros han dicho que fue una decisión de la cantante que necesitaba libertad y tiempo para dedicarle a su nueva aventura amorosa. Durante el tiempo que la nueva pareja estuvieron juntos —que fue aproximadamente ocho años—, ella se distanció de sus amistades, dejó su carrera a un lado mientras él seguía construyendo y cuidando su imperio y mantenía diversos romances paralelos al de María según se decía; aquello fue siempre de dominio público, pero todos pensaban, incluyendo María, que llegarían a casarse. La pareja andaba del "tingo al tango" juntos, se les veía y fotografiaba en toda clase de eventos, en varios lugares alrededor del mundo y claro, a bordo del Cristina. Pero el triste acontecimiento que dejara viuda a Jacqueline Kennedy cambió cualquier idea de boda con María que tuviera el magnate en la mente, si es que en algún momento la tuviera. Los allegados a Onassis sabían de la obsesión que tenía el millonario por la primera dama de Estados Unidos. Incluso la familia Kennedy había sido invitada a dar un paseo en el famoso yate cuando Jackie estaba embaraza de su tercer hijo, aquel bebé que desafortunadamente perdiera. Onassis no iba a perder su oportunidad y se dedicó a conquistar a Jacqueline, a espaldas de María quien sintió morir cuando se enteró de la próxima boda del armador griego con la famosa viuda. Simplemente no lo podía creer. Desde luego que la prensa no dejó de escribir sobre el asunto y las revistas de celebridades contaban una y otra vez la tragedia de la "pobre diva, burlada y abandonada".

A partir de este momento, María Callas se refugió en su apartamento de París.

Se deprimió de una manera terrible, esto se manifestó en su profunda y permanente melancolía, una soledad interminable y un insomnio crónico que la llevaba a tomar somníferos todo el tiempo. Comía poco y si salía era solo a un parque cercano para pasear a su perrita. Los amigos brillaban por su ausencia. María quedó muy sola. Todos aseguran que el desplante de Aristóteles la derrumbó.

En un esfuerzo por recuperarse, comenzó a dar clases de canto a jóvenes con posibilidades de convertirse en futuros cantantes de ópera, pero se aburrió muy pronto asegurando que estas personas no tenían ni la disciplina ni la actitud que se necesita para triunfar en una carrera como esa. Luego comenzó a practicar y ensayar su voz pensando en retomar su carrera en Francia. Cuando estuvo lista hizo varias presentaciones que resultaron un fiasco, ya que su voz ya no alcanzaba los tonos que había alcanzado en el pasado. María había sido aquella única cantante capaz de abordar y presentar una *Lady Macbeth* una noche y solo cuarenta y ocho horas más tarde, interpretar sin ningún problema una *Violeta*. Esa era tarea imposible para cualquier soprano de ese momento, no para María. Luego que los medios la "despedazaran" por sus nuevas actuaciones, María no tuvo más remedio que entender que aquellos buenos tiempos ya habían pasado y no volverían.

Cuando estaba cerca de cumplir cincuenta años dio una entrevista para una importante cadena de televisión en la cual se le veía muy bien, físicamente hablando. Delgada, elegantemente vestida, con su bella mirada griega resaltada y ese garbo tan propio de ella. Solo que lo que decía claramente no era cierto, la mayor parte de ello. Se le notaba triste y molesta, aunque lo negó con mucha propiedad, negó que le importara mucho la traición de Onassis y aseguró disfrutar de su soledad. Evidentemente no estaba interesada en mostrar su estado emocional real, y nadie podría culparla por ello.

Habló sobre su infancia y otros asuntos siempre sin bajar la guardia. Lo que sí aseguró es haberse comportado la mayor parte de su vida como si fuera su peor enemiga, admitió conductas y actitudes suyas que no le dejaron nada bueno.

Aquel 16 de septiembre de 1977 Battista Menighini se encontraba trabajando en su jardín. Su médico le había indicado un poco de actividad. Los años que siguieron a su separación de María habían estado llenos de los más diversos males, estaba enfermo todo el tiempo y sin ganas de dejar la cama, caminaba con mucha dificultad. Su ama de llaves no sabía cómo darle la noticia, no sabía cómo decirle que María Callas acababa de morir en París, sabía que aquel hombre aquejado y de tan avanzada edad se lo tomaría muy mal y así fue, perdió la compostura inmediatamente, le ayudaron a recostarse, pero solo fue un momento porque se levantó en un instante para preparar su viaje a Francia a pesar de las recomendaciones del médico.

Tenía que estar con María, tenía que verla por última vez, solo que cuando llegó ya la habían incinerado. Por órdenes de quién sabe quién, la estrella era cremada ¡a pocas tres horas de haber fallecido! Aquello era inaudito, nadie se lo podía creer. Battista pedía explicaciones, pero nadie pudo dárselas, cuando él llegó acababa de suceder. A pesar de que las causas de la muerte que se manejaron, las oficiales, indican que María sufrió un ataque cardíaco, hay muchas situaciones que indican que eso no fue así. Para comenzar esa prisa por incinerar su cuerpo, sin dar la oportunidad de practicar una autopsia, y luego algunas cosas que se encontraron en su apartamento.

Un mes después de su muerte se pusieron en subasta todos sus objetos. Al enterarse Menighini viajó nuevamente a París. Adquirió algunos de sus efectos personales: su cama, sus pinturas, mismas que él le había regalado hacía ya tanto tiempo, así como también un tapete del Siglo XVIII que sabía que ella apreciaba. Sintió tristeza al ver cómo otras personas se llevaban sus vajillas y su piano y fue cuando pensó: ¿Quién está organizando todo esto? ¿Quién se toma la atribución de decidir sobre las cosas de mi todavía esposa? ¡Ah! Porque María y Battista nunca se divorciaron. Fue entonces que volvió a Italia, puso todos los documentos necesarios en orden y regresó a París para reclamar los derechos que le correspondían sobre todo lo que tuviera que ver con María Callas. A todas estas, la madre de María ya había comenzado a dar entrevistas asegurando que Menighini quería dejarla fuera de la herencia de su "amada hija". Antes de que comenzaran los litigios y especulaciones, él le ofreció darle la mitad de la fortuna de María, pero ni un centavo más. La señora aceptó y no se volvió a escuchar nada más de ella.

Fue por aquellos días que Battista decidió investigar personalmente lo que le había sucedido a María. Se instaló en su apartamento de París día y noche buscando algo que le dijera cómo habían sido los últimos momentos de su esposa. Habló con la persona que estaba al servicio de María y este le contó muchas cosas (a él y a la prensa). Dijo que María lloraba todo el tiempo, que se la pasaba en su recámara, que tomaba muchas pastillas para dormir pero que siempre le contaba que no lograba descansar. Cuando a su ayudante le tocaba retirarse, ella le pedía que se quedara, que no quería estar sola, que se quedara a conversar con ella y él accedía ya que sabía muy bien que nadie la visitaba, nadie la llamaba, no tenía con quién hablar. Dijo también que siempre tuvo miedo que María se intoxicara, que tomara muchas más pastillas de lo que en realidad debía. Él tampoco creía en la versión del ataque cardíaco. Y bueno, al fin Battista encontró entre las cosas que mantenía en su mesita de noche lo que tal vez no quería encontrar. Una nota de puño y letra de María donde de alguna manera expresaba su tristeza y deseo de morir. Contenía el parlamento final de uno de sus personajes, *Gioconda*. Era el acto final; *Suicidio*, que tantas veces interpretara su esposa.

Todas las líneas de su personaje donde habla de su plan para quitarse la vida estaban ahí escritas por ella. Desde luego que nunca sabremos qué fue lo que en realidad sucedió con María.

En los últimos días de su existencia, Battista se dedicó a poner en orden sus propios asuntos, como su cuantiosa fortuna que fue heredada por Matilde, su ama de llaves, quien le sirvió de manera leal por 25 años. Y a escribir la biografía de María.

En una entrevista dijo que se había cansado de leer tanta mentira una y otra vez en la gran cantidad de biografías que se habían escrito sobre su esposa, porque ninguna de estas personas había estado cerca de María y menos de la manera en que había estado él. En este libro expuso muchísimas cartas dirigidas a él donde María expresaba sus más profundos sentimientos. Giovanni Battista Meneghini murió en 1981 y no pudo ver su libro publicado, pero dejó todos los arreglos hechos para que esto se llevara a cabo, se lo debía a su esposa, a quien nunca dejó de amar y de quien siempre esperó su regreso.

Incluso cuando a María se le preguntó —poco tiempo antes de su muerte— si acaso escribiría su biografía ella contestó: *"No, y creo si hay una persona en este mundo que pueda escribir sobre mí, esa persona es mi esposo, solo él llegó a conocerme bien, incluso mejor de lo que yo nunca me conocí".*

De Chile para el mundo

No me cabe la menor duda de que **Violeta Parra** tenía un gran espíritu, de verdad que no la veo como una persona depresiva, quejumbrosa e infeliz. Al contrario. Y es que alguien tan versátil que puede cantar, pintar, escribir, esculpir y bordar, que canta todo el tiempo, lleno de amor por su familia, apasionado por lo que hace, caritativo, creativo y fraternal no debería formar parte de este ensayo. Nadie en realidad.

El problema aquí podría radicar en no tener una base sólida de amor propio porque cuando esto sucede y aunque seamos muy fuertes, puede llegar ese desdichado momento en que nos lleguemos a creer lo que otros dicen de nosotros o peor aún, muchas de esas opiniones negativas podrían estar únicamente en nuestra mente. Cuando no tenemos una total seguridad en nosotros mismos, vamos de verdad a creer que no tenemos el valor que se supone tenemos, creeremos que si hemos tenido tanto fracaso amoroso seguramente será porque no somos alguien querible y por lo tanto nadie llegará a amarnos como tanto necesitamos (cuando la estima propia es la adecuada, esta necesidad es casi nula). También puede suceder que, aunque parezca que hemos aceptado nuestras imperfecciones físicas, no sea así. Cuando hemos aceptado a la persona que somos, cuando nos vemos al espejo y a pesar de no encontrarnos con una belleza cinematográfica somos capaces de encontrar esa gracia que todos tenemos, nos sentiremos bien, tranquilos, respiraremos y probablemente trataremos de resaltar aquella gracia de vez en cuando. No gritaremos a los cuatro vientos: "¡Sé que soy la mujer más fea del mundo!". El problema con estas actitudes es la manera tan negativa en la que nos vendemos a los demás. Si continuamente digo que soy tonto, que soy un fracaso, que soy un inútil, ¿de qué otra manera nos podrán ver aquellos que nos rodean? No habrá otra manera.

La familia Parra resultó ser muy prolífica. Nicanor —el hermano mayor de Violeta— fue quién decidió primero emigrar del hogar materno. Estudió matemáticas y física en la Universidad de Chile, fue un reconocido poeta y un apoyo para sus hermanas, especialmente para Violeta, a quien recibió en su casa cuando esta decidió seguirle los pasos.

Habían heredado de su padre el amor por la música; él había sido profesor en esa área. Cuando la siguiente hermana se les unió, Violeta y ella decidieron cantar en bares, restaurantes y otros lugares públicos para pagarse los estudios. Violeta pensó que quería ser profesora de primaria, pero cuanto más cantaba más se daba cuenta de que no era así. Ella quería cantar y ser escuchada. Con veinte años se dedicaba enteramente a su pasión.

Su repertorio consistía en zarzuelas, valses peruanos, rancheras y cuplés y vivía, bien que mal, de eso. Y lo digo porque su hijo Lalo ha declarado que su infancia fue triste y pobre, que su madre hacía costura y cuando no le alcanzaba con eso, se lo llevaba a los mercados para que cantando juntos, pudieran juntar dinero para la comida. Como la mayoría de las personas exitosas, la cantante no la tuvo fácil, nunca. Su infancia estuvo llena de carencias. Huérfana desde los 14 años, su madre una campesina que le dio lo que pudo darle a su hija que fue enfermiza desde siempre. Por fortuna su estado de salud no impidió que tocara la guitarra desde temprana edad y tampoco que esta fuera su eterna compañera.

Calificar a Violeta Parra de exitosa es muy fácil; desde el momento que en tu país se conmemora el día de la música por el día de tu nacimiento, sin duda has tenido éxito.

Miguel Letelier, Premio Nacional de Música 2008, considera a Violeta Parra increíble y magnífica. En la década de los 50´s su vida se vio envuelta en triunfos que involucraban giras y grabaciones, incluyendo cinco discos con EMI y el premio Cupilican de Oro por el programa de radio: *Canta con Violeta Parra*. En 1970 se publicó *Las décimas de Violeta Parra*, que trata de su autobiografía cantada. Hizo algo que me recuerda a los famosos hermanos Grimm —autores de los clásicos cuentos infantiles como *Caperucita Roja, Blanca Nieves, Cenicienta* y tantos más—; Violeta se internó en el interior del país para recopilar música de campo (los hermanos Grimm lo hicieron para recopilar historias) que no tuviera registro, viejas canciones casi olvidadas, y logró recuperarlas, evitando que cayeran en el olvido. Esa debe haber sido una labor muy ardua pero gratificante a la vez ya que logró recopilar poco más de ¡tres mil canciones! Su éxito en Europa era el primero para un artista chileno. Y es que resulta que su infinita imaginación, ideas e inagotable energía la llevaron a crear pinturas al óleo y a trabajar en cerámica mientras estuvo enferma con hepatitis. Estas obras resultaron tan buenas que fueron parte de ferias importantes y museos en Chile. Fue la primera latinoamericana expuesta en el Museo de Arte Decorativas del Palacio de Louvre donde se han apreciado sus arpillerías, esculturas en alambre y pinturas realizas por ella en París. El famoso diario francés *El Fígaro* publicó: *"El gran Leonardo Da Vinci terminó en el Louvre, Violeta Parra comenzó en el Louvre"*. Con 36 años ya era toda una grabadora a mano y todo por cuenta propia. Hoy en día su música se enseña en los colegios chilenos y su casa en San Carlos se ha convertido en museo nacional. Las letras de sus canciones estuvieron compuestas en gran medida de denuncias sociales. Estuvo siempre interesada por la gente más desfavorecida y se mantuvo cerca de esa gente. El éxito estaba alcanzado.

Su vida personal era otra cosa. Sus amigos, como el músico y escritor Patricio Manns la califican como una persona con la cual era fácil hablar, un poco agresiva, sin muchos tapujos para decir lo que pensaba, mal hablada y no muy tolerante que digamos, pero muy llevadera.

El asunto de ser ama de casa es algo que no iba con ella. Tuvo cuatro hijos, Isabel y Ángel siguieron sus pasos. Su corazón de mujer se rompió en dos ocasiones tras sus dos divorcios, pero se destrozó en una tercera ocasión. Y su corazón de madre sufrió una pérdida irreparable.

En 1938 se casa por primera vez, y a petición de su esposo —quien necesitaba a su mujer en casa— deja la música, se convierte en madre y trata de llevar ese papel por un espacio de diez años hasta que entendió que eso no le funcionaba. Se separa y vuelve a cantar, retoma la música junto a su hermana. Se casa por segunda vez, vuelve a ser madre. Aparece una gran oportunidad de representar a Chile en el Festival de la Juventud en Varsovia, Polonia. Violeta parte dejando a sus hijos pequeños al cuidado de su esposo. El viaje en barco desde Buenos Aires a Génova durará un aproximado de 40 días. Durante ese viaje Violeta, a pesar de las incomodidades se encontraba muy entusiasmada, sus compañeros en ese viaje que también tendrían participación en aquel festival recuerdan que Violeta cantaba, cantaba todo el tiempo y en todos lados, en el comedor, en los pasillos, en el camarote y todo parecía bien hasta que llegaron las noticias de que Rosita, su bebé de apenas unos meses, había enfermado gravemente y muerto. Es muy difícil imaginar lo que sintió la artista en aquel momento y lo que pasaría por su mente. Todos los que la conocían esperaban que encontrara la manera de volver a casa, pero no lo hizo. Continuó en el ahora tortuoso viaje, llegó a su destino y triunfó en el festival. Como es de esperarse estos acontecimientos afectaron su segundo matrimonio hasta el punto donde ya no hay retorno. *Versos a la niña muerta* es la canción que compuso para su hija en aquella travesía.

En 1965 Violeta se fue a vivir a Europa con sus hijos por el espacio de tres años. Durante este tiempo ya estaba perdidamente enamorada de un músico suizo de nombre Gilbert Favre. La pareja vivió un tórrido romance, sus allegados aseguraban no haber visto a Violeta en ese estado de enamoramiento. Al parecer gracias a ese enamoramiento debemos el maravilloso *Gracias a la vida* ya que lo escribió por aquella época. Decide regresar a Chile y se lleva a Favre con ella. Hacen planes para formar una especie de grupo de amigos y canciones. Violeta tenía claro lo que deseaba hacer: montar una especie de centro cultural, invitar artistas importantes y presentarse ella misma. También tenía claro que quería a Gilbert en su nuevo proyecto, que necesitaba que él estuviera con ella, él aceptó de mil amores y los arreglos comenzaron en cuanto pisaron tierra chilena. La cantante había hablado anticipadamente con algunos amigos como Víctor

Jara y a todos les pareció muy buena su idea. Violeta tenía todo previsto, todo menos que Gilbert cambiaría de opinión pronto, demasiado pronto podría decirse.

De buenas a primeras le informó que se iba y partió con rumbo a Bolivia, según le informaron a la cantante. Aquello fue un desastre para ella. Todas sus ilusiones se rompieron de un golpe, no tardó en caer en una profundísima depresión. Entre amigos y familia hicieron de todo por ayudarla, su proyecto era un incentivo que pudo mantenerla en pie. En 1965 "La Carpa de la Reina" continuaba dando función, pero la gente no respondía. Eso era algo por demás frustrante para Violeta quién declaró en varias ocasiones no sentirse valorada por su propia gente. Es que no lo entendía, ¿cómo era posible que en otros lugares completamente ajenos a ella las personas pudieran apreciar su talento mientras que en Chile las personas fueran tan indiferentes a lo que ella les estaba ofreciendo? En su desesperación por no perder la cordura viajó a Bolivia en busca de Gilbert, le pediría que volviera y trabajaran juntos en su relación. Él tenía que entender que ella lo necesitaba para estar bien. Pero Gilbert ya se había casado y Violeta tuvo que volver a casa sola.

Esta serie de eventos desafortunados bien pueden haber sido los causantes de desencadenar en la mente de la artista la desgraciada idea de morir y de morir por su propia mano. Y es que en realidad ya había intentado en otras dos ocasiones quitarse la vida, una vez con barbitúricos y la otra cortándose las venas, esto un año antes de conseguirlo.

Esa tarde de febrero, con 49 años, Violeta Parra se encerró en su habitación a escuchar música, en medio de las notas musicales se escuchó el sonido del disparo en la cabeza que acabaría con sus ilusiones, sueños, esperanzas y expectativas, el disparo que acabaría con su vida.

"Cualquier día moriré por mi propia mano". Violeta Parra

GRACIAS A LA VIDA

Gracias a la vida que me ha dado tanto
Me dio dos luceros que cuando los abro
Perfecto distingo lo negro del blanco
Y en el alto cielo su fondo estrellado
Y en las multitudes el hombre que yo amo.

Gracias a la vida, que me ha dado tanto
Me ha dado el oído que en todo su ancho

Graba noche y día grillos y canarios
Martillos, turbinas, ladridos, chubascos
Y la voz tan tierna de mi bien amado.

Gracias a la vida que me ha dado tanto
Me ha dado el sonido y el abecedario
Con él las palabras que pienso y declaro
Madre, amigo, hermano, y luz alumbrando,
La ruta del alma del que estoy amando.

Gracias a la vida que me ha dado tanto
Me ha dado la marcha de mis pies cansados
Con ellos anduve ciudades y charcos,
Playas y desiertos, montañas y llanos
Y la casa tuya, tu calle y tu patio.

Gracias a la vida que me ha dado tanto
Me dio el corazón que agita su marco
Cuando miro el fruto del cerebro humano,
Cuando miro el bueno tan lejos del malo,
Cuando miro el fondo de tus ojos claros.

Gracias a la vida que me ha dado tanto
Me ha dado la risa y me ha dado el llanto,
Así yo distingo dicha de quebranto
Los dos materiales que forman mi canto

Emy James

Y el canto de ustedes que es el mismo canto
Y el canto de todos que es mi propio canto.

¡Gracias a la vida que me ha dado tanto!

Violeta Parra

Elegancia, porte y pragmatismo

Insisto, *Ensayo de un Crimen* es una gran producción. Es una de esas películas que ves una y otra vez y siempre encuentras algo nuevo, algo que no habías notado antes. Aunque ya sepas lo que va a suceder igual te estresas en los momentos en que alguno de los personajes se encuentra en peligro, y luego es inevitable enamorarse precisamente del "malo del cuento", en este caso, Archibaldo de la Cruz. En esta oscura trama del gran Luis Buñuel, nos encontramos no solo con Miroslava —a quién también nos referimos en este trabajo— sino también a la majestuosa actriz **Rita Macedo**, cuyo personaje irónicamente se quita la vida en la historia. Y esa fue únicamente una de las setenta producciones en las que participó. Ernesto Alonso es uno de los grandes talentos con los que trabajó, entre los cuales también se encuentran: Fernando Soler, Luis Aguilar, Pedro Armendáriz, María Félix, Ignacio

López Tarso, Gustavo Rojo, Pedro Infante… en fin, una lista de compañeros que no deja de ser impresionante. Es además ganadora de un Ariel.

Una vez más nos damos cuenta de que la falta de éxito no ha sido razón para la infelicidad de nuestros protagonistas, definitivamente entendemos que se trata de algo más, algo mucho más importante que cualquier éxito.

De padres divorciados, pasó toda su infancia en internados, su madre era escritora y guionista de cine, su padre una figura ausente. Estando internada aprendió costura, aprendió también a ser fuerte y a reprimir sus sentimientos. Rita llegó a ser una mujer muy hermosa y elegante, los vestidos entallados que usaba le quedaban a la perfección. Lucía una mirada perdida y melancólica. Sufrió tristeza y soledad, como si cargara un vacío que simplemente no pudo ser llenado.

Destacan sus matrimonios fallidos; uno con el productor y director español Luis de Llano Palmer y otro con el destacadísimo escritor Carlos fuentes. De Llano no quería que ella siguiera con su carrera de actuación, "que necesitaba una esposa de tiempo completo" era lo que alegaba, y ella no tenía disposición para jugar ese papel. Con Fuentes entró en el mundo de los intelectuales. Su convivencia estuvo caracterizada por los viajes, las relaciones con personajes importantes de la literatura, sexo desbordante e infidelidades. De sus uniones nacieron tres hijos, los tres talentosos personajes destacados en dirección, producción, actuación, música y escritura. Es abuela de Benny y Alejandro Ibarra, reconocidos músicos y productores mexicanos.

Como yo lo veo, Rita Macedo a pesar de sentir a veces la vida como una pesada carga, trató de sobrevivirla. Cuando dejó de ser una jovencita seguía trabajando mucho. Hizo telenovelas y abrió una casa de modas con todos esos conocimientos sobre alta costura que había adquirido. Las personas que le conocieron la califican como generosa y leal. Sin embargo, llegó ese momento en el que sintió que no iba a poder más y probablemente ya no quería seguir intentando, habló sobre su deseo de morir y por su propia mano. Lo dijo en varias ocasiones y cuando llegó ese día (5 de diciembre de 1993) se dirigió a la oficina de su hijo para despedirse, regresó a su casa, colocó una carta de manera visible, se metió en su automóvil que se encontraba en el garaje y se disparó en la cabeza terminando así, de golpe con una vida por demás extraordinaria, intensa, una vida que desafortunadamente ella no supo o no pudo superar.

"He visto a otros desfilar esposados, guardando su miserable existencia, pero yo no tengo por qué sufrir esas injusticias y circos, por eso le dejo a mis hijos la dignidad de mis decisiones, a mis compañeros una señal de orgullo, y mi cadáver como una muestra de desprecio a mis adversarios porque ya cumplí la misión que me impuse".

Alan García (expresidente peruano)

Con la vista en el futuro

Es de llamar la atención el hecho de darnos cuenta de que muchos de los personajes aquí mencionados tuvieran planes para el futuro en el momento en que se quitaron la vida. De una u otra manera todos mencionaron estos pensamientos que tenían para los días por venir, lo cual denota una vez más ese instinto natural que tenemos todos, que ya traemos desde siempre; el instinto de supervivencia. Esto significará seguramente que no es natural desear la muerte. Cuando comenzamos a desearla, pero de manera permanente —y digo esto porque todos, absolutamente todos hemos deseado en algún momento y por alguna razón, dejar de existir y eso es perfectamente normal, dada esa circunstancia vivida en ese preciso momento, pero lo que no es normal o natural es desear la muerte de manera constante— se debe a una idea intrusa, metida en nuestro pensamiento. Definitivamente necesitamos darnos cuenta a tiempo del momento en que esa intención está tratando de instalarse en nuestra mente, según Albert Camus, una vez "plantada" ahí, no habrá poder humano capaz de removerla; la idea de la propia muerte inducida por la propia mano.

Van Gogh planeaba viajar al sur de Holanda a contemplar nuevos paisajes para su obra, Marilyn Monroe estaba dedicada a la decoración de su nueva casa, estaba emocionada por ello, y también tenía planes de una nueva película en puerta, Violeta Parra había trabajado muy duro en su proyecto de la Carpa, María Callas estaba muy emocionada con dar clases de ópera a los nuevos talentos, Criss Cornell tenía ya contratados varios conciertos musicales, Vicky Karayiannis su viuda, ha declarado que acababan de mudarse a Nueva York, compraron muebles y arte para su nuevo hogar, Criss estaba emocionado por adoptar a un nuevo cachorro pastor alemán, en fin, tenía muchos planes para él y su familia, que era el centro de su vida.

Robin Williams tenía una película en marcha, Virginia Woolf tenía varios borradores dispersos por ahí los cuales planeaba convertir en libros, Dolores O´riodan estaba en plenas grabaciones para un nuevo disco y Hemingway no se cansaba de afirmar cuánto le gustaba la vida.

Me parece a mí que todo esto nos deja muy claro que el hecho de tener planes concretos para el futuro no es garantía de nada. Cuando esa idea suicida se incorpora en la mente, buscará la manera de salir a flote buscando la acción y así como puede hacerlo en un momento de gran desesperación, puede hacerlo en un momento de solaz en el que la persona ya contempla su propia muerte de una manera fría y calculadora, tranquila, quizás hasta maquiavélica, y una vez habiendo llegado a ese punto ya no habrá vuelta atrás.

Casos infinitos

Esta es la verdad, si quisiéramos enterarnos de todos los casos de suicidio, sus implicaciones, posibles razones, todos los que podemos encontrar gracias a la historia, o casos que conocemos de primera mano, no tendríamos tiempo suficiente para hacerlo.

Sin embargo, no quisiera dejar pasar esta oportunidad para hablar si acaso muy brevemente de estas otras personas que estuvieron, unas al borde del suicidio y otras que lo consiguieron, que desgraciadamente, lo consiguieron.

La familia Agnelli es para Italia lo que los Grimaldi son para Mónaco o los Kennedy para Estados Unidos, una referencia. Dueños y señores de una de las empresas automovilísticas más importantes del mundo y tremendo equipo de fútbol en el norte de este bellísimo país, Gianni Agnelli y su familia tuvieron el mundo a sus pies. El Sr. Fiat, como era conocido, trabajó muy duro para continuar con la herencia que había recibido de manos de su abuelo y mientras trabajaba también se divertía, y mucho. Como hombre de negocios y *socialite*, estuvo siempre a la altura. Como padre y esposo… no tanto. Como él mismo lo admitiera, nunca tuvo o se dio tiempo para atender a su familia y el precio que se paga por esto generalmente es muy caro.

Sus hijos Margherita y Edoardo crecieron rodeados de lujos, recibieron la mejor educación y conocieron el mundo, sin embargo, padecieron la tristeza de un padre ausente, un padre que no se interesaba por ellos. Y mientras que ella supo sobrellevar esta situación, a **Edoardo Agnelli** resultó resentirlo bastante. Tímido e introvertido como era, el chico nunca se sintió como parte de esa familia de magnates, capaces de crear los imperios que crearon. Las personas que lo conocieron lo describen como una persona mística, dedicado a la vida contemplativa espiritual, como un filósofo en constante búsqueda. Esto desconcertaba y desesperaba a un Gianni ya entrado en años y necesitado de asegurar la continuación de la empresa familiar, algo para lo que Edoardo no estaba preparado ni interesado. Si ya de por sí nunca existió una relación entre padre e hijo mientras este último crecía, las cosas empeoraron cuando se convirtió en un hombre y decidió refugiarse en el budismo y las sustancias que lo mantenían en una realidad diferente a la propia. Gianni nunca ocultó su decepción, son muy pocos los momentos compartidos y las fotografías junto a su hijo, y las existentes muestran claramente ese trato frío y distante entre ambos. Afortunadamente Edoardo contó siempre con el apoyo de su primo Giovanni Alberto con quien tenía muchas cosas en común y con quien compartía la pasión del fútbol y de su equipo, literalmente su equipo… La Juventus. Y quien entendía su necesidad de afecto y su alma frágil, los amigos cercanos, aseguran que Giovanni sabía exactamente cómo calmar los nervios y angustias de su primo. Desafortunadamente Giovanino —como era conocido—, murió muy joven de un raro y fulminante cáncer de estómago, dejando a Edoardo más solo que nunca.

Quizás por sentirse fuera de lugar, incomprendido por su familia y menospreciado por esa persona que se supone debería ser la que más cariño y compresión le proporcionara, Edoardo Agnelli decidió poner fin a su existencia. Sucedió un funesto día de noviembre del año 2000. Aparcó su Fiat Croma en el conocido "Puente de los Suicidios" en las afueras de Turín y desde ahí se arrojó al vacío. Contaba con 46 años. (Villardón 2020).

"Lo tenía todo, pero le faltaba la aprobación de su padre". Lupo Ratazzi.

Lucila Mariscal, famosa actriz mexicana cuenta por ejemplo ese episodio de su vida, probablemente aún no superado en el que se sintió perdida, aunque pensándolo bien, y en su caso, no se trata de un solo episodio así que aquí me limitaré a dos en específico, uno fue tan sonado (los dos que mencionaré han sido muy sonados en realidad) cuando se sometió a una cirugía de liposucción y reducción de senos que salió muy mal y en la cual estuvo a punto de perder la vida ya que durante ese proceso sufrió múltiples infartos cerebrales, quedó con 5.1 de hemoglobina, teniendo que someterse a varias transfusiones de sangre, perdió un pezón en esa cirugía y llegó un momento en que se sintió "mal hecha", un momento de insensatez y locura como lo llama ella en el que tomó una pistola y se la puso en la boca. La actriz afirma que una voz (probablemente en su cabeza, esa voz de supervivencia de la que ya hemos hablado) le gritó que no lo hiciera. Otro momento tremendo en la vida de Mariscal fue la desaparición de su hijo, que hasta la fecha sigue sin esclarecerse. Lo que sí es claro es que esta artista ha tenido que ser fuerte, pero muy fuerte, para no sucumbir a la idea del suicidio.

Tim Barling, músico sueco mejor conocido como **Dj Avici**, quizá no fue precisamente de fuerza que careció, quizás fueron otras cosas que lo impulsaron a terminar con su vida. Lo que a mí me impresiona más, es además de su juventud, éxito, y el gran futuro que tenía por delante y que decidió ignorar, fue la manera tan cruel en la que decidió acabar con su existencia, de verdad que me impresiona y por eso digo que tal vez no fue fortaleza lo que le haya faltado ya que creo de verdad que se necesita mucha valentía para emprender semejante idea. Cuando estaba a punto de terminar su último trabajo musical, el autor de *Wake me Up* canción que me pone a pensar, por cierto, si uno pone atención a la letra quizás puede comprender un poquito lo que a veces pasaba por la mente de Tim quien, con 28 años, un 20 de abril del 2018 decidió que era tiempo de acabar con esa sensación de estar perdido, y decidió reencontrarse consigo mismo a su propia manera.

Steve Bing, de 55 años, era un productor multimillonario que se movía en el sector de la construcción de la ciudad de Nueva York. Se dice que era un hombre dulce, amable y bueno, seguramente eso fue lo que enamoró a la guapa actriz Elizabeth Hurley, quien procreó junto con Steve a Damian Charles (actor y modelo de 18 años).

Padre e hijo tuvieron una relación distante debido a muchas circunstancias, entre ellas, la separación de Liz y Steve. Al parecer Steve era además un hombre muy depresivo, propenso a la tristeza y ansiedad ante cualquier situación adversa. La pandemia desatada en 2020 cuenta ciertamente como una situación adversa y el hecho de mantenerse confinado no ayudó a los ánimos del empresario, quien manifestó en varias ocasiones la desesperación que sentía por verse obligado a estar solo en esos días del comienzo del fenómeno mundial. *"Estoy pasando por un momento complicado y confuso"*, dijo. El no tener contacto social terminó por trastornar su mente y el lunes 27 de junio del 2020 se dejó caer desde el piso 27 de su edificio de apartamentos. La fortuna del desafortunado Sr. Bing se calcula en unos 500 millones de euros.

El famoso y aclamado escritor japonés del siglo XX, **Yukio Mishima**, ¡planeó su muerte por poco más de un año! Una vez terminada su última novela y sus finanzas puestas en orden, ejecutó su macabro plan, era el 25 de noviembre de 1970. Siguiendo con grandes escritores (nos espantaríamos de conocer la cantidad exagerada de poetas que igual, han muerto por su propia mano), el escritor y sí, también poeta, **Cesar Pavese,** murió por una sobredosis de barbitúricos cuando se encontraba en medio de una especie de ansiedad existencial, en agosto de 1950.

He visto varias películas con el muy bien parecido **Heath Ledger,** pero únicamente dos se me quedaron en la memoria y es que su interpretación en ambas fue sencillamente magistral. Una de ellas es *El caballero de la noche* la cual por cierto vi como cuatro veces en el cine, una gran producción donde Heath inmortalizó al personaje de DC comics *The Joker,* en una magnífica actuación que le valió un póstumo premio Oscar. Y la otra fue *Juego de Patriotas,* donde lo vimos como el rebelde, impetuoso hijo de Mel Gibson, otra gran película. Cuando se está disfrutando del trabajo de estos excelentes artistas uno no puede imaginarse siquiera las cosas por las que están pasando. Al parecer la presión que el mismo actor se impuso para llevar a cabo de la mejor manera el papel de El Guasón, lo mantuvieron muy ansioso y se encerró por un mes en su apartamento a trabajar en esa interpretación, el arduo trabajo que resultó lo dejaba exhausto, pero como su mente no estaba tranquila entonces no lograba dormir. La solución que encontró fueron los somníferos y los antidepresivos para lograr conciliar el sueño. Eso surtió efecto los primeros días, pero nada más.

Estaba pasando por una separación bastante hostil con la madre de su pequeña hija, quien además de pelear la custodia de la niña, también se la llevaría a vivir a Europa donde ella trabajaba en una película. Esto fue muy duro para Heath, quien mantenía una cercanía muy importante con su hija y no aceptaba ese obligado alejamiento de ella. Los medios de comunicación y su constante intromisión no fueron de mucha ayuda, nunca lo han sido en realidad. Solo de imaginarme lo que debe ser que todo el mundo se entere de las cosas tristes que estoy pasando y que encima eso ayude a vender revistas y periódicos, me da escalofríos, la famosa fama, ese precio a pagar por una vida extraordinaria como lo es la vida de una celebridad. El actor australiano llevaba muy mal la intervención de la prensa en sus asuntos, su persecución y todo eso unido, no le permitía dormir por las noches lo cual era muy dañino para él ya que tenía que presentarse muy temprano a trabajar en las grabaciones de su nueva película. Total, que la madrugada del 22 de enero del 2008, Heath Ledger se encontraba en su apartamento de

Nueva York y tan desesperado por poder dormir que tomó más pastillas de las que debía. No volvió a despertar. Tenía solamente 28 años.

Cirujano dentista, modelo, cantante y actor con un nombre en los medios artísticos mexicanos desde la década de los ochenta cuando el grupo *Garibaldi* saltó a la fama y gustó además por traer de nuevo a la vida muchas canciones ya olvidadas y ponerles un ritmo muy contagioso, **Xavier Ortiz** llevó una vida fuera de lo común como lo es la vida de los artistas. Con 48 años las cosas habían cambiado para mal, tenía un divorcio en su haber, estaba en medio de otro, separado de su hijo a raíz de la pandemia del año 2020, una situación financiera precaria por todos conocida y una soledad abrumadora eran las características de la vida actual del artista. En septiembre del 2020 las consecuencias de su lamentable estado de ánimo se hicieron sentir cuando se conoció la noticia de su muerte, al tirarse al vacío desde las escaleras del edificio donde vivía. En varias ocasiones hizo ver tanto en entrevistas como en sus redes sociales que se la estaba pasando muy mal por todas estas situaciones antes mencionadas. *"Tengo el alma en pedazos"* llegó a declarar en alguna ocasión en la que se dejaba ver el descuido en el que había caído el cantante, las pocas ganas que tenía de seguir. La frase me recuerda inevitablemente la de una canción del grupo… ironías de la vida.

Es de todos sabido que detrás de las palabras y acciones de Adolfo Hitler, estaba su mano derecha y hombre de confianza, **Joseph Goebbels**. Doctor en Filosofía, experto en organización, personalidad agresiva y una gran capacidad de oratoria, Goebbels entró a formar parte del partido Nazi cinco años después de su fundación y fue clave en su victoria en 1932.

En poco tiempo se convirtió en jefe de propaganda del partido utilizando las mejores estrategias que incluyeron acaparar el control total de los medios de comunicación para promocional el carisma de Hitler, convenciendo al pueblo de que era este quien podría sacarlo del atolladero financiero en el que se encontraba y el único capaz de lograr la comunidad racial de su gente.

Se dice que en realidad fueron de Goebbels todas las macabras ideas perpetradas por el *fuhrer*, que era él, el cerebro detrás de todo lo que hizo Alemania durante la Segunda Guerra Mundial y que llegó a ser un colaborador indispensable para Hitler. Quizás porque estaba consciente de todo esto y de lo que le esperaba al terminar la guerra y tomar Estados Unidos y demás naciones el control sobre la situación que, al verse perdido, tomó la decisión ese 1 de mayo de 1945 de quitarse la vida junto con su esposa, no sin antes envenenar a sus seis hijos.

Caroline Flack, famosa presentadora de TV en Gran Bretaña, no pudo resistir la presión de la prensa y de la televisión. Había estado en el foco del público por su trabajo y sus romances famosos que terminaban muy a menudo por la misma razón: intromisión de la prensa. Así sucedió cuando comenzó a salir en 2009 con el Príncipe Harry, ellos se gustaban muchísimo, pero la prensa no dejó de seguirlos, se cansaron y lo dejaron ahí, a tan solo un par de meses de intentarlo. Tenía 40 años cuando perdió su trabajo y se encontró en medio de un escándalo mediático por una acusación: Se suponía que había golpeado con una lámpara a su novio Lewis Burton mientras este dormía. Por esto enfrentaba un juicio así como arresto domiciliario. Los periodistas no dejaban de acosarla de día ni de noche. Una amiga suya se estaba quedando con ella para acompañarla por aquellos días de febrero de 2020, y mientras esta salía a comprar algunas cosas, Caroline aprovechó para encerrarse en su apartamento. Al volver, su amiga no tenía modo de entrar, llamó al padre de Caroline y fue él quien encontró el cuerpo sin vida de su hija. Suicidio, dictaba el informe médico.

Extrañamente su novio Lewis había desmentido todo el asunto en su cuenta de Instagram, asegurando que todo era un circo preparado por los medios con el único fin de vender la nota.

Grandes cintas como *Top Gun* y *Enemigo Público* tuvieron como director a **Tony Scott**, quien sufría de una terrible depresión, desde siempre, aseguran sus allegados. Su sistema nervioso presentaba una dosis masiva de antidepresivos ese día de agosto de 2012 cuando encontraron una nota dentro de su auto estacionado en un puente californiano, en la que se despedía de su familia. El director había saltado de ese puente. Contaba con 68 años.

Suicidio asistido

María José Carrasco, una española de la tercera edad, comenzó a padecer de esclerosis múltiple, esa horrenda condición en la que uno va perdiendo de manera paulatina las funciones cerebrales más importantes y por ende, las capacidades físicas más primordiales que poseemos. Ángel Hernández, su esposo, también mayor, seguía trabajando a pesar de la edad cuando su esposa enfermó. Llamaron a la madre de María José para que se quedara con ella en su pequeño apartamento y le ayudara a movilizarse y demás. Por lo pequeño de la estancia, poco a poco María José no lograba movilizarse siquiera, así que a su madre le tocaba ayudarle hasta con las cosas más elementales. Posiblemente por eso, aunado a la angustia que tiene que haber sentido al ver a su hija deteriorarse de esa manera, la señora comenzó a enfermar también, desarrolló el mal de Parkinson de una manera tan intensa que al poco tiempo murió. Al encontrarse en semejante situación, el esposo de María José se vio obligado a jubilarse anticipadamente para poder cuidar de su esposa. No creo poder imaginar todos los pensamientos de frustración e impotencia que pasaban y se quedaban en la cabeza de la enferma. Después de algunos años de continuo cuidado, el esposo de María José comenzó a padecer de dolores insoportables en la espalda, una espondilosis lumbar con discopatía degenerativa por los esfuerzos al cargarla, y una hernia umbilical que necesitaba una operación de emergencia, fijándose el día y hora para realizarla. Pero tenían un problema, María José no podía quedarse sola durante ese proceso. Se pusieron en una lista de espera para una plaza en una residencia de asistencia pública. Esa espera se alargó ¡por más de ocho años! La desesperada pareja habló con varios medios de comunicación buscando alguna manera de lograr la atención de alguna de estas instituciones y el ingreso de María José en alguna de ellas, todo fue inútil y el esposo empeoraba. Cuando le quedaban aún unas cuantas fuerzas, María José intentó quitarse la vida, pero su esposo lo impidió. Ángel contaba ya 69 años y los médicos insistían en que necesitaba operarse la hernia en su espalda, la operación se había pospuesto una y otra vez, y la enfermedad de su esposa se encontraba en fase terminal cuando tomaron la decisión. María José había comprado hacía ya un tiempo algo por internet. Se trataba de Pentobarbital Sódico y le imploraba a su esposo que la ayudara a tomarlo. El 2 de abril de 2019 la pareja grabó un video en que se puede contemplar al matrimonio llegando al acuerdo; él la ayudaría a tomar el mortal veneno. Él se aseguraba de dejar claro que era una petición de ella, que él simplemente la estaba asistiendo, que había aceptado después de varias negativas. Cuando Ángel le pregunta a su esposa cuándo es que tomará el líquido, ella responde; *"Cuanto antes, mejor"*, la mujer luce devastada, cansada, pero al mismo tiempo resignada a su suerte y sobre todo resuelta, como segura de haber tomado la mejor decisión y segura de no arrepentirse en ningún punto.

El video fue subido a la *web* y aunque no impidió que el señor Hernández enfrentara cargos legales muy graves en su contra, de alguna manera sí evitó que quedara en prisión de manera permanente como lo buscaba la fiscalía encargada del caso que alegaba incluso "violencia en contra de una mujer". Por supuesto las opiniones públicas no se hicieron esperar, y aunque inevitablemente estuvieron divididas, se mostró claramente que la mayor parte de las personas estaba a favor de lo que el esposo había hecho.

"Acepto la culpa de haberla ayudado a morir, no la de violencia hacia ella, mi mujer ya ha dejado de sufrir", declararía tiempo después Ángel Hernández.

Las señales

Trescientos millones de personas deprimidas en todo el mundo están haciendo de la depresión la cuarta causa de discapacidad en cuanto a pérdida de años de vida saludable. La mitad de estas personas no son diagnosticadas y el noventa por ciento no recibe tratamiento. La gente no busca ayuda en muchos casos porque teme a la discriminación. Hacen falta campañas para prevenir el suicidio, las hay para todo lo demás, no para el suicidio. Al no hablar de suicido no ayudamos a prevenirlo, nos está haciendo falta como sociedad trabajar en la solidaridad y en la empatía.

La Organización Mundial de la Salud (OMS) sugiere que el suicidio ha aumentado en el planeta a 800,000 al año, esto significa que, en el mundo, cada 40 segundos una persona se suicida. Japón, Uruguay y Francia están en el top 20 de países con las mayores tasas de suicidio. Japón se encontró en 2017 con la tasa más alta de suicidios en 30 años.

¿Lo más alarmante? ¡Se trata de una gran cantidad de niños y adolescentes! En 2016 por ejemplo, 250 menores de primaria, secundaria y bachillerato, se quitaron la vida. Los estudios indicaron que las razones principales son la presión académica y el acoso escolar. Desafortunadamente los niños y adolescentes ansiosos y deprimidos no suelen expresar estas emociones a los mayores que tienen alrededor. Los expertos confirman que en Japón tampoco se habla de salud mental y que las escuelas no están preparadas debidamente para lidiar con las enfermedades mentales. Claro ejemplo es el hecho de que la escuela de Rima Kasai de 13 años, quien se suicidó después de sufrir *bulling* por un espacio prolongado de tiempo, no tomara ninguna medida al respecto después de suscitado este terrible hecho.

Según la Organización Panamericana de la Salud (OPS) más de 65,000 personas se quitan la vida anualmente en el continente americano. La Academia Americana de Psiquiatría para Niños y Adolescentes asegura que no hay suficientes médicos psiquiatras para atender esta emergencia, apenas 17 profesionales de la salud disponibles por cada 100,000 niños.

El Centro de Control de Enfermedades CDC (por sus siglas en inglés) informó que en Estados

Unidos en 2017 se reportó la tasa más alta de suicidios en 50 años, en 2016 se reportaron 47,000 personas muertas por esta causa. Por cada muerte por suicidio se estima que hay 20 intentos. En este país sigue siendo un estigma la enfermedad mental, un tema fuera de los grandes titulares.

La tasa de suicidios entre niños y adolescentes no es más tranquilizadora, de ninguna manera. La *American Academy of Child and Adolescent Psychiatry* nos dice, por ejemplo, que la proliferación de las redes sociales son un factor importante en estos datos ya que debido al fácil acceso de dispositivos electrónicos para los niños y adolescentes, se ha propagado el ciber acoso, el cual —se asevera—, degenera en ansiedad y depresión y que es peor que el acoso escolar tradicional ya que este termina al llegar el menor a su casa, en cambio el ciber acoso continua todo el tiempo mientras el acosado se mantenga conectado, cosa que sucede por largos y extendidos periodos, principalmente cuando hay poca supervisión de los adultos encargados. Un estudio de mayo del 2019 realizado por el *Journal of the American Academy of Child and Adolescent Psychiatry* advierte también del peligro al que se exponen niños y adolescentes al ver ciertas series en las nuevas plataformas digitales y se refirió más concretamente a *13 Reasons Why,* cuyo tema principal es el suicidio de una adolescente y que la serie trata de una manera demasiado ligera un tema tan complicado, sobre todo teniendo en cuenta el público al que va dirigido. Según el estudio realizado, este tipo de contenido es peligroso para quien es vulnerable al suicido, y algo de verdad debe haber en esta declaración si entendemos que la tasa de suicidios entre los niños y adolescentes en edades de 10 a 17 años aumentó en el mes posterior al estreno de la serie. No olvidemos que internet aún no ha llegado a ese momento que esperamos todos los adultos preocupados por esta situación, ese momento en el que haya un límite al acceso de la información para los menores de edad. Por lo tanto, no existen los límites en la red, que cualquier persona de cualquier edad, puede encontrar fácilmente instrucciones de cómo suicidarse.

Según la CDC, 13 años es la edad promedio de los niños con ideación suicida. Los psicólogos hoy en día comparten la opinión de la academia de psiquiatría; Javier Jiménez, psicólogo español asegura que una de las principales causas de suicidio en niños y adolescentes en su país es el acoso escolar cibernético que se mantiene 24 horas debido a la conexión a las nuevas tecnologías.

¿Cuáles son esas señales a las que debemos poner atención entonces? Si tenemos interés en contribuir a la disminución de estas cifras tan alarmantes, prestemos atención a la melancolía que nos rodea. La de otros y la propia. Roger Bartra nos asegura que la melancolía se caracteriza por ansiedad, abatimiento silencioso, llanto si razón, alterados con jovialidad, y deseos de vivir combinados con tendencias suicidas.

Según Alex Lickerman, psicólogo, no se busca la muerte (una vez más, nacemos con un instinto natural de supervivencia) sino lo que se busca, es el cese de la existencia.

Entendemos por esto, que no es de la vida misma que huye el suicida, huye de la vida propia, como la conoce, y como hay una distorsión en la percepción, no se puede ver, entender ni creer, que hay otra vida si se decide a buscarla. Para la mente suicida, ya no quedan más alternativas, ya no hay salida.

Un hombre que conoce el porqué de su existencia jamás echará su vida por la borda, nos asegura Viktor Frankl, psiquiatra judío sobreviviente del holocausto y autor del excelente libro *El Hombre en Busca del Sentido*. William Dietz, experto en prevención de enfermedades mentales en la Universidad

George Washington nos dice que la desesperanza hoy en día es demasiada, la gente está cada vez más desesperanzada.

Atendamos las señales antes de que la desesperanza y la desesperación se instalen en nosotros.

¿Qué hacer?

Ciertamente esta es una pregunta para lo que no se puede tener una respuesta concreta. Como mencionamos antes, en el caso de que la idea de suicidio esté ya plantada en la mente de la persona, es muy poco lo que puede hacerse. Pero, sí podemos hacer mucho para no caer en depresión, aliviarla en sus primeras fases o terminar con ella aún si lleva instaurada mucho tiempo en nosotros.

Permítanme insistir un poco más en que necesitamos **dormir** las horas que nos corresponde, no hacerlo y, sobre todo, "acostumbrarnos" por un largo periodo de tiempo al desvelo, al insomnio, aumenta las posibilidades de deprimirnos. Dormir permite desechar toxinas de nuestro organismo, favorece la regeneración cerebral y mejora nuestro estado de ánimo.

Movernos es muy importante, el sedentarismo es un potente imán para males físicos y psíquicos, al hacer cualquier ejercicio aeróbico como caminar, correr, nadar y hasta bailar, nuestro organismo libera endorfinas y produce serotonina, sobre todo si al mismo tiempo estamos escuchando música, ya que el permitirnos disfrutarla también está relacionado con un estado de ánimo positivo.

Reírnos (y reírnos mucho) será de gran ayuda para nuestro bienestar emocional, si lo hacemos con amigos entonces estaremos también acaparando otra parte importante para combatir el negativismo; **socializar**. Cada vez que puedo traigo a colación el caso de Norman Cusin, esta persona que fue diagnosticada con una enfermedad terminal. Su médico le recomendó hacerse cargo de sus asuntos y le indicó el poco tiempo que tenía de vida. El señor Cusin decidió entonces instalarse en una cabaña donde podría disfrutar de todas las películas cómicas que no se había dado tiempo de ver. Poco tiempo después en un examen de rutina, el médico se encontró con la novedad de que su paciente estaba totalmente recuperado, ya no moriría como se había diagnosticado, al menos no de esa manera y la única conclusión a la que se pudo llegar fue a la de que la risa lo había salvado. Busquemos situaciones en las que sabemos que nos vamos a reír mucho. Por lo menos una vez al día busquemos esas situaciones.

Busquemos nuestro elemento. Ken Robinson, famoso conferencista británico, nos asegura que estar en nuestro elemento será básico para llevar una vida con sentido. En su libro, que lleva por nombre precisamente: *El Elemento,* nos da muchos ejemplos de personas destacadas que hicieron hasta lo imposible por practicar su pasión y como todo eso derivó en satisfacciones inimaginables para todos ellos. No olvidemos también la importancia de **soñar** y la **imaginación**, que nos sirven para huir de momentos y situaciones que odiamos. Tener ese "lugar feliz" adonde escapar cuando no estamos bien donde estamos. Las ilusiones son muy importantes, así como lo son las emociones, son las que nos mantienen moviéndonos... vivos.

Quiero contar otra anécdota que me impresionó mucho al leerla en el libro *Sabiduría Emocional*, de Walter Riso; resulta que él y otros colegas estaban tratando a una mujer que estaba sufriendo por el hecho de querer ser madre y no poder, la terapia trataba de lograr la aceptación en la paciente de que nunca tendría un hijo y que, aun así, las cosas estarían bien.

Al poco tiempo de estar trabajando con ella, su esposo les trajo a los terapeutas una mala noticia, la paciente había sido diagnosticada con cáncer terminal.

Claramente ahora la terapia debía dar un giro para volcarse en lograr la resignación a la muerte por parte de la mujer. Al poco tiempo, esposo y terapeutas se encontraron la novedad más grande de todas las novedades: ¡La paciente estaba embarazada! No se lo podían creer. La primera sorprendida fue ella misma, decidió no reparar mucho en su sorpresa, abandonó la terapia (para preocupación de todos) para dedicarse en cuerpo y alma a la preparación para la venida de su bebé. Los meses que siguieron fueron de angustia para todos a su alrededor, pero ella no ponía atención ni a su enfermedad ni a su entorno, estaba enfocada en la felicidad que le producía ver realizado su deseo de tantos años: ser mamá. Cuando el autor escribía sobre esto, su antigua paciente era madre de un muchachito de doce años, ni enfermó ni mucho menos murió. Su felicidad le salvó la vida.

Nuestra mente es tan poderosa que puede lograr prevenir enfermedades y hasta curarlas, y así mismo, es capaz de desarrollar en nuestro organismo males tremendos, fatales. Identifiquemos esos pensamientos que nos acompañan a diario porque podrían estar definiendo nuestro destino.

No te rindas

No te rindas, aún estas a tiempo
de alcanzar y comenzar de nuevo,
aceptar tus sombras, enterrar tus miedos,
liberar el lastre, retomar el vuelo.

No te rindas que la vida es eso,
continuar el viaje,
perseguir tus sueños,
destrabar el tiempo,
correr los escombros y destapar el cielo.

No te rindas por favor, no cedas,
aunque el frío queme,
aunque el miedo muerda,
aunque el sol se esconda y se calle el viento,
aún hay fuego en tu alma,
aún hay vida en tus sueños,
porque la vida es tuya y tuyo también el deseo,
porque lo has querido y porque te quiero.

Porque existe el vino y el amor, es cierto,
porque no hay heridas que no cure el tiempo,
abrir las puertas, quitar los cerrojos,
abandonar las murallas que te protegieron.

Vivir la vida y aceptar el reto,
recuperar la risa, ensayar el canto,
bajar la guardia y extender las manos,
desplegar las alas e intentar de nuevo,
celebrar la vida y retomar los cielos,

No te rindas por favor, no cedas,
aunque el frío queme,
aunque el miedo muerda,
aunque el sol se ponga y se calle el viento,
aún hay fuego en tu alma,
aún hay vida en tus sueños,
porque cada día es un comienzo,
porque esta es la hora y el mejor momento,
porque no estás sola,
porque yo te quiero.

Mario Benedetti

Sentimientos de culpa

¿Por qué no vi las señales?

La anterior es una pregunta típica entre los que sobreviven a un familiar, no importa la manera en que este haya muerto. El sentido de culpa va a estar presente ya sea de manera explícita o solo interiorizada. Las personas experimentarán sensaciones de frustración mientras se reprochan: ¿Por qué le di la llave del auto? ¿Cómo no noté algo en su voz la última vez que hablamos? No debí dejarlo solo(a), casi no le llamé en las últimas semanas. No contesté su último mensaje…

La realidad es que no hay manera de saber qué es lo que sucederá en el futuro por lo tanto no debemos culparnos por situaciones que no podemos controlar, esa es una manera de ser cruel con nosotros mismos y nada más. Sin embargo, estas sensaciones no solo son comunes, sino que son hasta normales en el proceso de duelo, trataremos de regresar una y otra vez a ese punto en el que "podía haberlo salvado".

Jess Browne quisiera regresar a ese punto, con todo su corazón. Su hijo **Ignacio Vásquez** tenía 28 años cuando decidió volver a la Argentina y retomar su vida, regresó con su novia del pasado, estaba lleno de proyectos, se instaló en su nuevo apartamento y planeaba reunirse con su madre para celebrar el cumpleaños número 50 de esta. Ignacio siempre mostró ser un muchacho equilibrado, amoroso y feliz, esa sería la forma de describirlo de la gente que lo conoció de cerca. ¿En qué momento podía su madre saber que esa noche que se despidió de ella pidiéndole que no se preocupara si no contestaba el celular al día siguiente ya que planeaba dormir todo el día, en qué momento podía ella pensar que él ya había planeado quitarse la vida? ¡No había manera!

Incluso en un apartado de la carta que le dejó su hijo, él le asegura: *"Esto no lo podías haber frenado, yo lo venía pensando, no es tu culpa"*.

Jess vive en Londres desde hace algún tiempo, tiene un blog de superación personal y miles de seguidores. Esta experiencia la ha dejado como podemos imaginar (si es que acaso se puede) devastada.

"La muerte de un hijo te deja muda, su suicidio te deja muda y con mil preguntas". Asegura.

Sin embargo, ha sacado fuerzas de su flaqueza para apoyar a otras familias que pasan situaciones similares a la suya, y aprovechando la cantidad de seguidores que tiene, decidió compartir su terrible experiencia abriendo una especie de fundación que tiene como prioridad lograr que las personas entiendan lo importante que es exteriorizar las emociones. Como todo esto sucedió en plena pandemia (10 de abril de 2020) Jess no pudo viajar sino hasta meses después y solo entonces pudo hacerse cargo de las cosas de su hijo, como desarmar su departamento, por ejemplo, experiencia por demás inimaginable. Este tiempo en el que ha trabajado con otras personas le ha ayudado a aclarar un poco la mente: *"La única manera de contrarrestar la culpa es con amor, si vos amás a tu hijo, no hay culpa"*.

El camino del duelo por suicidio es el más largo que hay y se debe pasar por él, no hay atajos. Es buena idea escribir, llorar, no hacer grandes proyectos… vivir el día a día, nos dice Cecilia Borrás —psicóloga española quien perdió a su hijo Miguel de 19 años en 2016, de la misma manera que lo perdió Jess—. Es la fundadora de *Después del Suici-*

dio-Asociación de Supervivientes, y nos dice que *"Hay que tener mucha paciencia con uno mismo hasta que se encuentre nuevamente un para qué o un por quién seguir, recordando a nuestros seres amados por la vida que vivieron y no cómo murieron".*

Me llama la atención este término, "Supervivientes". La Asociación Americana de Psiquiatría manifiesta que es correcto llamar de esta manera a los familiares cercanos a la persona que se quita la vida ya que la palabra significa que han pasado por una experiencia traumática, un estrés que puede compararse con uno vivido en un campo de concentración o situación bélica, de guerra. Vicky Karayiannis: *"Cuando uno pasa por una tragedia como la nuestra, creo que vas escondiendo lo que realmente te pasa hasta que te enfrentas con la verdad… con tus recuerdos".*

Convénceme de Vivir es el título del libro de Gabriela Pérez Islas, quien nos sugiere que la fe es el antídoto del miedo, que cuando crecemos en fe, bajamos los niveles del miedo. Que aun si no están físicamente con nosotros, estamos llenos de las personas que nos han amado y necesitamos aprender a percibirlos de otra manera.

...3 de enero

"*Me estoy destruyendo con cigarrillos y comida. Mi cuerpo no soporta más. Ataque de ayer. Asfixia. Es el precio que pago por haber vendido mi vida al demonio de los ensueños. Ayer me di cuenta claramente que floto como un fantasma. No participo de nada. Huyo de la ley de la vida, de sus leyes, del destino personal. Siempre desde mi infancia he guardado cosas mágicas llegadas a mí por obra y gracia del misterio. Y aún ahora me parece absurda la vida de casi todas las mujeres de mi edad; amar o esperar el amor, cristalizado en un hogar, hijos, etc. Es más, todo me parece absurdo; tener un empleo, estudiar, ir a reuniones etc. Siempre he sentido que yo estaba designada o señalada para una vida excepcional. No sé cómo saldré de todo esto, si llegaré a salvarme o si lo mejor será suicidarme ahora mismo...*"

Alejandra Pizarnik

El estigma que tienen las enfermedades mentales

A la gente le da miedo hablar sobre enfermedad mental, la sola frase inmoviliza a muchos, y no es para menos. Tenemos esta idea de que una persona con enfermedad mental es un loco apto para camisa de fuerza. Cuando escuchamos que alguien acude al psicólogo nos asustamos, si nos recomiendan uno, nos ofendemos y ni mencionar la reacción de las personas ante la palabra "psiquiatra".

Hemos escuchado y leído sobre tantas y tantas historias macabras que involucran enfermedad mental que deveras nos da miedo, pero esto debe de parar. Sentir miedo es normal, que el miedo nos paralice, no. Y no debemos permitirlo, a los problemas hay que enfrentarlos, no huirles. **Evan Rachel Wood** intentó suicidarse y se asustó muchísimo, así que llamó a su madre para pedirle ayuda, poco después ella misma ingresó en un sanatorio psiquiátrico. Antes de esto llevaba tres días sin comer ni dormir, estaba agotada, física y emocionalmente. En una entrevista comentó que el psiquiátrico le salvó la vida. Le ayudaron a dormir, volvió a comer, jugaba a las cartas, pintaba y disfrutaba de largos paseos por los jardines, lo cual le ayudó a despejar la mente y conectar de nuevo con ella misma.

Es verdad que como sociedad nos está haciendo mucha falta "sentarnos" y hablar sobre salud mental. La mejor manera de romper el estigma, el tabú, es hablando, así que hablemos y no tengamos más miedo. Si algún familiar está actuando "raro", está teniendo conductas inusuales, preguntémosle de frente, indaguemos en sus sentimientos y pensamientos, quizás logremos que hable y nos diga y quizás logremos convencerlo a buscar ayuda. Desde luego que para esto tenemos que estar un poco más atentos a nuestro alrededor y un poco más desconectados de nuestros dispositivos electrónicos y más conectados al presente. Que todo esto que ha sucedido durante tanto tiempo y sigue sucediendo nos sirva como un llamado de atención. Estemos atentos a las señales, al ser más amorosos con las personas que nos importan tanto. Al estar de verdad involucrados de una u otra manera en sus vidas, se nos hará más fácil ver estas señales.

Cabe mencionar la importancia de educar a nuestros niños en la resiliencia emocional, llevarlos de la mano (con nuestro ejemplo primero) por el camino en el que se aprende a resolver los conflictos, a enfrentar el estrés y las transiciones de la vida. Pero no de la manera que se ha hecho tradicionalmente. Reconozcamos que por todo este bagaje cultural que cargamos desde siempre, hemos colocado a los hombres, por ejemplo, en el papel del "Ser de Piedra", desde pequeños se les enseña a no llorar, a no mostrar debilidad, a que debe ser el fuerte de la familia y cuando crece, ese patrón sigue su curso ya que él debe ser el proveedor de su gente, el responsable directo de que en esa casa no falta nada. De ninguna manera puede mostrarse vulnerable o sensible.

Ignacio Vásquez mencionó algo de esto a su madre en aquella carta que dejó. Dijo que como varón sentía que no tenía derecho a mostrar sus sentimientos y emociones, que no sentía esa apertura de mente entre la gente que lo rodeaba, no sentía que sería bien visto este tipo de conducta en él, por ser hombre.

¿Si esto es verdad, que lo es, acaso no es algo muy serio y preocupante? Seguramente la mayoría de nosotros, si no es que todos, tenemos alguien de género masculino que nos importa mucho: un hijo, un padre, un hermano, un esposo, un amigo, un novio, en fin, alguien que quisiéramos que esté bien y por lo tanto debería ser motivo de preocupación enterarnos de que ellos, estos hombres no sienten la libertad de poder expresar cómo se sienten.

Según las estadísticas, los hombres se están muriendo antes que las mujeres e incluso cuando es el hombre quien enviuda, y fíjese usted bien en eso, no pasa mucho tiempo antes de que él también muera, de que "se vaya detrás de su esposa". Que la mujer en cambio después de su viudez sigue cocinando, decía Margaret Mead. ¿Por qué es esto?

Según una investigación llevada a cabo en la Escuela de Medicina Albert Einstein en la Universidad de Yeshiva, Estados Unidos, esto podría estar sucediendo porque mientras que las mujeres hablamos (a veces en exceso), los hombres no lo hacen. Si solo hubiera que tomar nota de lo que tratan en sus conversaciones entre amigos: cerveza, fútbol, autos, mujeres y paremos de contar. Temas superficiales. Esto cuando hablamos de hombres que tienen la costumbre de juntarse con sus pares de cuando en cuando, porque he conocido y seguramente usted también, cantidad considerable de hombres que no tienen amigos con quienes salir, divertirse y distraerse un rato. Las razones van desde que están emparejados con personas posesivas que "no se los permiten" hasta el hecho de tener personalidades retraídas, con tendencias al aislamiento social. A estos hombres nos gusta llamarlos "hogareños", y hasta creemos que se escucha bonito. Pero si le ponemos un poquito de análisis, ¿qué es un hombre hogareño? Normalmente un ermitaño, alguien que no disfruta la compañía de los demás, es más, le huye al asunto. Hogareño es el eufemismo que usamos para calificar a una persona huraña y a veces apática, reprimida por su pareja o por él mismo. Y este es el tipo de hombre que no tiene con quién hablar de cómo se está sintiendo, si su pareja no le permite socializar seguramente tampoco le permitirá expresarse mucho que digamos. Pero volviendo al grupito de los que, si se juntan, ellos pueden hablar de cualquier cosa, pero no de sus emociones, eso los haría ver débiles ante sus iguales y eso es simplemente inaceptable. ¿Consecuencias? Una buena cantidad de hombres que no encuentran la manera de canalizar sus sentimientos, y ya todos sabemos que el primero en resentir el asunto es el cuerpo ya que este debe sacar de alguna manera toda esa represión emocional y desafortunadamente la manera que tiene el cuerpo de hacer eso, es por medio de la enfermedad.

Cuando no sacamos a flote nuestras emociones, cuando no tenemos la libertad de hablar de nuestros sentimientos por un espacio prolongado de tiempo, cuando no nos permitimos a nosotros mismos llorar, no nos permitimos sentir miedo, enojo o hasta amor… enfermamos.

Eutanasia, ¿sí o no?

Pocos temas generan tanta polémica como este. Estará bien dejar que las personas decidan si quieren continuar viviendo, o no.

Según el diccionario de Oxford, eutanasia se entiende como el acto de provocar intencionadamente la muerte de una persona que padece una enfermedad incurable para evitar que sufra. Muerte sin dolores, molestias ni sufrimientos físicos.

Si en España esto fuera legal, el Sr. Hernández no hubiera tenido todos los líos que tuvo, eso es seguro. En realidad, son muy pocos los países que han legalizado la eutanasia, entre ellos tenemos a Bélgica donde está legalizada la DMD, Asociación por el Derecho a Morir Dignamente, a la que parece irle bien ya que se han asegurado de establecer normas claras al respecto. En un artículo del 12 de julio de 2019, el periódico español El País habla de iniciativas ciudadanas que presentaron un millón de firmas al congreso para que se despenalice la eutanasia en España. El 84% de la población muestra su respaldo a regular la muerte inducida.

En México, las autoridades a favor aseguran que es justo darles a las personas el poder de poner fin a sufrimientos innecesarios y degradantes, darles el poder de decidir por una muerte digna: "Toda persona tiene derecho a una vida digna. Igual a una muerte digna". Sin embargo y al parecer, hay falta de sustento constitucional para aprobar esta ley en ese país.

Recordamos que para los epicúreos el suicidio estaba permitido cuando la vida se volvía insoportable. Los estoicos creían que era correcto que una persona se quitara la vida (si así lo deseaba) cuando padecía de una enfermedad incurable. Aquí cabría traer a colación al escritor húngaro **Arthur Koestles** quien, al saberse víctima de cáncer y Parkinson a la vez, decidió cesar su existencia con barbitúricos y alcohol en marzo de 1983.

Inferno

Necesito comenzar con la novedad (seguro que para muchos lo será) de que, en la Biblia, la palabra suicidio… no existe. Y es que no fue sino hasta cerca de 1642 que apareció la palabra como concepto. Y cada vez se menciona menos al infierno en este libro sagrado de los cristianos (todo aquel que cree en Cristo es considerado un cristiano, no se trata de una religión como tal, sino de un credo).

Entonces, podríamos decir que los actos que cometieron personajes importantes de este libro sagrado, personas como el rey Saúl, Abimelec, Sansón y Zimri, son catalogados como actos de valentía militar, exceptuando a Jonás, claro. El único caso que queda evidenciado propiamente como suicidio es el de Judas. Al parecer la cosa está así: Si uno considera a Dios como el Divino Creador y está de acuerdo en que únicamente Él tiene derecho a quitar lo que ha dado, entonces estaría mal decidir algo así, pero, si uno considera ser dueño de su propio ser, entonces no hay nada que explicar ni justificar. En la Biblia se santifica la vida, pero el martirio voluntario no se considera suicidio, tenemos el caso más claro de todos, el de Jesús. (Denison 2020).

Esta es la postura de la Iglesia Católica al respecto: Declaración #2283: *"No debemos desesperarnos por la salvación eterna de las personas que se han quitado la vida. Por caminos que solo Él conoce, Dios puede brindarle la oportunidad de un arrepentimiento saludable. La iglesia ora por las personas que se han quitado la vida"*. Declaración #1860: *"Los impulsos de sentimientos y pasiones pueden disminuir el carácter voluntario y libre de la ofensa al igual que las presiones externas o los trastornos patológicos. El pecado cometido por malicia, por elección deliberada del mal, es el más grave"*.

Según el *médium* James Van Praagh, mundialmente famoso y *Best Seller* del *New York Times,* el mundo de los espíritus es un estado energético. El universo está compuesto de ondas electromagnéticas, el mundo de los espíritus está formado por miles de dimensiones de energía. Van Praagh se refiere a lo que comúnmente llamamos infierno, como el Nivel Astral Inferior. A este "lugar" van a dar los cuerpos astrales fragmentados, no humanos y sin evolucionar. Es ahí donde los pensamientos oscuros siguen vivos, formas de pensamientos creadas por el prejuicio, ignorancia, juicios, temor y malas comprensiones, energía oscura en su esencia pura. Al morir, las almas que no han evolucionado se quedan colgados en el Nivel Astral Inferior porque están atados de manera obsesiva a emociones sin resolver, emociones como ira, depresión, culpa, soledad, desesperación, adicción, crueldad y odio. Emociones negativas. Nuestros pensamientos viajan con nosotros, asegura el médium. Cuando alguien no cree en la vida después de la muerte, por ejemplo, le costará mucho trabajo darse cuenta cuando haya muerto, rondará por el ámbito astral inferior. Tanto aquí como allá, el pensamiento controla la existencia. He aquí el porqué de la importancia de conservar o trabajar en nuestros pensamientos de amor y perdón.

Volviendo a que el mundo de los espíritus está formado por muchas dimensiones y niveles, cada uno irá al nivel que le corresponda una vez muerto y la dimensión que nos toque va a depender del nivel de preparación espiritual, intelectual y emocional de cada uno, del nivel de aprendizaje que haya obtenido durante su tiempo en la tierra. Entre más evolucionada el alma, más alta su dimensión. Claramente no nos encontraremos todos en la misma dimensión entonces, seremos compañeros de esas otras personas que se encuentren en nuestro mismo nivel de evolución, ya sea este alto, o bajo.

Por fortuna ninguno de nuestros médiums ha dado noticias de que el infierno tal y como lo pinta el gran poeta Dante Alighieri sea real. En un fragmento de su *Divina Comedia*, el italiano nos habla del Bosque de los Suicidios, un espantoso lugar donde las personas que "han osado" quitarse la vida habitan como matorrales, fondas oscuras de ramas torcidas, sin frutas, en vez de eso púas venenosas son lo que ofrecen. Se trata de un bosque al que ningún sendero señala, un lugar de lamentaciones por doquier donde quienes alguna vez fueron hombres, habían sido lanzados al limbo en un pozo infernal, al cadalso.

Craig Hamilton-Parker, por su parte, asegura que la persona que se quita la vida se encuentra en uno de los menores estados de preparación que existen. Por lo tanto, no es que son echados al limbo en ese pozo infernal como se imaginaba Alighieri. No son castigados, al contrario, en ese nivel en que se encuentran, tendrán la ayuda necesaria para comenzar con su proceso de aprendizaje y dado que una vez dado el paso ellos se dan cuenta de que es algo tonto lo que hicieron —asegura

Hamilton-Parker—, que experimentan sentimientos de culpa y vergüenza. Una vez terminados sus problemas terrenales y pasada la depresión, entenderán lo mucho que han dejado ir. Craig Hamilton Parker es, al igual que Van Praagh, un reconocido y respetado médium que ha ayudado a esclarecer los crímenes más complicados por el don que se le ha dado, el don de poder hablar con los que ya pasaron por el velo de la muerte. En su grandioso libro *Qué hacer cuando estés muerto* (que yo he leído tres veces ya y cada vez encuentro algo nuevo y fascinante en él), el autor nos dice que por todo esto es tan importante mantener a nuestra gente muerta muy cerca de nuestro corazón y hablarles constantemente. El poder más grande del universo es el poder del amor, no hay nada que se interponga en su camino, ni siquiera la muerte misma. Asegura.

Tal vez ya vaya siendo necesario no tomarnos la literatura existente sobre el infierno, de manera literal. Cada vez más expertos están de acuerdo en que el infierno es un estado mental, esta mente nuestra que se manifiesta aún después de la muerte. Muchos están seguros de que el infierno está aquí mismo, en la tierra, con nosotros. Se trata de nuestras propias proyecciones con respecto a nuestras esperanzas y miedos. El budismo —a pesar de ilustrar el infierno de manera bastante macabra donde existen diversos niveles cada uno de acuerdo con lo aberrante, cruel o egoísta de nuestros actos— tiende a aclarar de que se trata de la consecuencia de nuestro previo Karma, que a la vez no es más que el resultado de nuestros pensamientos, palabras y acciones, y esto me hace recordar la advertencia de Ghandi sobre atender estos tres aspectos. Según el budismo, es la mente que fabrica demonios cuando cultivamos malos hábitos, el diablo es la proyección externa de nuestro egoísmo, lo cual significa que uno mismo engendra ese demonio que más adelante atormentará nuestra vida y que puede perfectamente continuar más allá de este plano existencial. La vida de este demonio solo existe porque es alimentada por una serie de pensamientos, fijaciones, ofuscaciones y apegos. Incluso no descartemos que los diversos males que nos aquejan como enfermedades, se sostengan por nuestros hábitos y la energía negativa de nuestros pensamientos. La ley de la causalidad en un universo moral. (Pérez 2016).

Sin un sentido de la vida, nada tiene sentido

En tiempos actuales, en los que la humanidad está experimentando la enfermedad mental en todas sus manifestaciones, es normal —podríamos decir— que la gente se incline a la búsqueda desesperada de la felicidad. Pero ¿qué es la felicidad ultimadamente? Es un estado mental y emocional positivo y como buena emoción que es, va y viene, no hay manera de que sea permanente. No es posible sentirnos felices todo el tiempo. Por lo tanto, es importante buscar esa sensación, pero no ponerla como una meta, no afanarnos con el tema porque si lo hacemos entonces se vuelve en contra de nosotros el asunto, entre más buscamos aquel estado de felicidad permanente, más infelices somos, ya que la felicidad permanente —insisto—, no existe.

El sentido de la vida, por otro lado, es otra cosa. Aquí ya no estamos hablando de una emoción. La filósofa y escritora Emily Esfahani nos habla sobre una vida significativa, una vida con valor, con un propósito, algo que te encamina hacia el futuro. El sentido es algo que conecta y va más allá de ti mismo, algo que trasciende, algo en lo que contribuyes de manera directa y ayuda a ordenar tu vida. Encuentras un sentido a la vida cuando experimentas la pertenencia, o sea, cuando has cultivado las relaciones. Las relaciones con los demás son la cosa más importante que vamos a tener en los años finales de nuestra existencia, lamentaremos mucho haberlas descuidado o perdido cuando seamos personas mayores. Está en nuestra naturaleza la necesidad de ser valorado por los demás, de ser apreciado por ser uno quien es. En la Pirámide de la Jerarquía de las Necesidades de Abraham Maslow, la necesidad de pertenencia, de afiliación, se encuentra en el tercer nivel. Después de tener cubiertas nuestras necesidades fisiológicas y de seguridad, continuaremos a buscar afecto, amistad, e intimidad sexual. Una vez satisfechas estas necesidades, nos enfocaremos en el reconocimiento por parte de los demás y en el autorreconocimiento, en ganarnos la confianza y respeto de los otros. Sin estas necesidades satisfechas no será posible subir al último nivel de la pirámide donde nos encontraríamos con la autorrealización.

También encontramos un sentido a la vida cuando tenemos un propósito que es el objetivo que nos orienta. La trascendencia y la narrativa son parte también de esto. Trascendemos cuando conectamos con algo mayor, mucho más grande que nosotros mismos, y esto lo logramos a través de la meditación, por ejemplo, en olvidar la propia individualidad y reconocernos como parte de un todo. El ser humano no es una isla, decía John Donne en su famoso poema *Por quién doblan las campanas.*

Luego tenemos la manera en que entendemos nuestra propia historia, lo que nos contamos a nosotros mismos. Una buena manera de hacerlo y enterarnos es asistiendo a terapia o escribiendo en un diario, que al final, también es terapia.

Ahora bien, partiendo desde la premisa del existencialismo y de uno de sus máximos exponentes, Albert Camus —quien por cierto, practicó lo que predicó ya que vivió una vida exquisita—, nos encontramos con la novedad de que la vida en sí no tiene sentido. En su excelentísimo ensayo *El mito de Sísifo,* el autor nos explica que aún reconocer que la vida no tiene sentido y que por lo tanto tampoco lo tiene el buscárselo, no significa que no podemos disfrutar de ella. Camus nos asegura que las personas pueden y deben darle ese sentido del que la vida carece y que una manera de hacerlo es valorando la belleza de cada momento. Aquí volvemos a la importancia de permanecer más en el **aquí y ahora,** y un poco menos en el pasado y el futuro y esto se logra, a través de la meditación. Son la monotonía y la sociedad —según el escritor argelino—, los que no nos permiten enterarnos ni valorar los pequeños detalles. Incluso existe una canción latina muy popular que nos habla de darnos cuenta, pero de verdad démonos cuenta, de las pequeñas cosas a nuestro alrededor que hacen nuestra existencia más placentera y que nos permiten disfrutar de esta vida: Un abrazo, las luces de la ciudad en medio de la noche, la brisa marina, la risa de las personas que amamos, la buena música, un bello paisaje, una buena conversación, un beso, el aroma a limpio, un cuerpo desnudo, un recuerdo de antaño… una mirada.

Son estas cosas simples que nos brinda la vida, las que nos ayudan a darle un sentido al sinsentido.

> "No te mueras con tus muertos…
> no hay homenaje en eso"
>
> Madre Teresa de Calcuta

Bibliografía

(1968). Historia & Vida.

Aguirre, L. (1918). Diario El país.

Alighieri, D. (1472). La Divina Comedia.

Biography. Gone too soon, a tribute to the stars we´re lost. Hearst specials (2022)

Biografías. (1961). Vanidades.

Camus, A. (1942). El mito de Sísifo. Paris: Editions Gallimard.

Eustolia, S. M. (2005). Marilyn Monroe. Ciudad de México: Grupo Editorial Tomo.

Frankl, V. (1946). El hombre en busca del sentido. Herder.

Hemingway, E. (1964). Paris era una fiesta. Estados Unidos: Charles Scribner's Sons

Jonathan Cape. Introducción a la psicología. Charles G. Morris. Albert A. Maisto twelfth edition

Martos, J. A. (2014). Muy Interesante, 112.

Meneghini, G. B. (1982). My Wife Maria Callas. Toronto: McGraw-Hill Ryerson Ltd.

Numen. (2012). Van Gogh. Ciudad de México: Advanced Marketing.

Page, L., & Brin, S. (1998, septiembre 4). Retrieved from Google.

Parker, C. H. (2003). Qué hacer cuando estés muerto.

Perris, A. (2008). Jacqueline Kennedy. Edimat Libros.

Riso, W. (2003). Sabiduría Emocional: Un reencuentro con las fuentes naturales del bienestar y la salud emocional. Grupo Editorial Norma.

Robin Williams: Celebrating the life and career of a comedy icon. (2019). People Magazine, 95.

Robinson, K. (2014). El Elemento.

Sarason, I. G., & Sarason, B. R. (2006). Psicología anormal: el problema de la conducta inadaptada. Seattle: Pearson Prentice Hall.

Van Praagh, J. (2008). Fantasmas entre nosotros.

Wales, J., & Sanger, L. (2001, enero 15). Retrieved from Wikipedia: https://es.wikipedia.org/wiki/Wikipedia

Wolf, V. (1925). La Señora Dalloway. Londres: Hogarth Press.

¿Qué son los demonios y qué es el infierno para el budismo? (n.d.). Retrieved March 30, 2022, from https://harmonia.la/espiritualidad/practi-

cas-y-experiencias/que_son_los_demonios_y_
que_es_el_infierno_para_el_budismo

¿Qué dice la Biblia acerca del suicidio? Denison
Forum. (n.d.). Retrieved March 30, 2022, from
https://www.denisonforum.org/resources/que-
dice-la-biblia-acerca-del-suicidio/

12:04, M. V. 17:57A. 19/11/2020, & Villardón, M.
(2020, November 19). Fiat: 20 Años de la Trágica muerte de Edoardo Agnelli, El Heredero
al que Gianni Siempre Rechazó. okdiario.com.
Retrieved November 3, 2022, from https://
okdiario.com/economia/20-anos-tragica-muer-
te-edoardo-agnelli-heredero-fiat-que-gian-
ni-simpre-rechazo-6435115